MARÉ

DRAUZIO VARELLA

IVALDO BERTAZZO

PAOLA BERENSTEIN JACQUES

PEDRO SEIBLITZ / imagens

MARÉ VIDA NA FAVELA

CASA DA PALAVRA

A Escola de Reeducação do Movimento, dirigida por Ivaldo Bertazzo, utiliza no seu trabalho com alunos, conceitos específicos de coordenação motora, além de uma abordagem das diferentes tipologias humanas vistas segundo o método de Cadeias Musculares G. D. S.. Para maiores informações acesse o site www.ivaldo-bertazzo.com.br

Concepção visual
Paola Berenstein Jacques e Pedro Seiblitz

Preparação de originais
Leny Cordeiro

Projeto gráfico e diagramação
UNS Design

Capa
UNS Design sobre foto de **Pedro Seiblitz**

Mapas
Base de dados: Instituto Pereira Passos, Prefeitura Municipal do Rio de Janeiro
Realização: Centro de Estudos e Ações Solidárias da Maré – CEASM, Projeto Observatório Social da Maré / Censo Maré 2000

Produção editorial

C A S A   D A   P A L A V R A
Praça Floriano, 55, sala 1.103 Cinelândia Rio de Janeiro RJ
CEP 22031-050 Tel. (21) 2220-5252 2215-2382
editora@casadapalavra.com.br www.casadapalavra.com.br

J19c   Varella, Drauzio
        Maré, vida na favela / Drauzio Varella, Ivaldo Bertazzo e Paola Berenstein
Jacques. – Rio de Janeiro: Casa da Palavra, 2002.
        128p.; 17cm

        ISBN: 85-87220-57-8

        1. Favelas – Rio de Janeiro (RJ). 2. Rio de Janeiro (RJ) – Condições sociais. I.
Jacques, Paola Berenstein. II. Bertazzo, Ivaldo. III. Título.

                                CDD: B869.1

Este livro é dedicado às crianças e aos adolescentes integrantes do Corpo de Dança da Maré, a Philippe Reichstul e a Danilo Santos de Miranda.

A obra de Ivaldo Bertazzo nos mostra um caminho muito inovador e comprometido com a realidade brasileira. Inovador porque sempre buscou linguagens que quebrassem os isolamentos entre as diferenças culturais. Comprometido com a realidade brasileira porque a apresenta em seus espetáculos como um grande pano de fundo. É tudo aquilo que temos a possibilidade de viver, mas o fazemos em pedaços.

Por terem uma afinidade conceitual incomum com o trabalho que realizamos, alguns de seus projetos tiveram parceria com o Comunidade Solidária. Parceria de que tipo? Nosso trabalho busca o desenvolvimento comunitário e a recuperação das tradições para a criação de uma auto-estima e de uma identidade cultural, mostrando que cada um dos pedaços do nosso universo faz parte de um universo maior. Por seu comprometimento com a realidade brasileira, as criações culturais realizadas por Ivaldo Bertazzo permitem um grande avanço em termos sociais.

O trabalho que há três anos ele realiza no complexo da Maré é um exemplo brilhante da interferência na realidade e enriquecimento da comunidade, dos cidadãos dançantes e de todos nós que podemos ver os resultados dessa expressão maravilhosa da dança e da história desse projeto. O apoio a esses cidadãos dançantes é um passo à frente de todas as concepções que essas linhas de trabalho puderam oferecer. Temos aí um exemplo de ação que tem continuidade e que modificará a vida desses cidadãos e dos que vivem em seu entorno.

Exposições e publicações sempre foram partes fundamentais dos projetos que Ivaldo realizou nos últimos anos. Dentro do espírito pedagógico e informativo que sempre as marcou, este livro busca, também, dar a conhecer os tecidos e a feitura dos espetáculos que ele coordena, assim como revelar desconhecidas imagens do Brasil e inesperados ângulos da vida dos brasileiros. Autores, conceituados em suas especialidades, relatam, nesta publicação, suas experiências como participantes do notável trabalho no complexo da Maré. Daí resultou uma composição de documentos importantes e úteis que revelam a benfazeja mescla de objetivos culturais e sociais que um projeto pode ter, e ampliam nosso conhecimento sobre periferias urbanas e seus habitantes, tanto do Rio de Janeiro como de outras disseminadas pelo país.

Neste livro, às vezes lido como um romance, às vezes como documentário, os personagens são os jovens bailarinos do Corpo de Dança da Maré que representam uma população inteira a debater-se na difícil procura de sobrevivência e identidade dentro de um círculo de injustiça, medo e crueldade.

A arquiteta Paola Berenstein Jacques coloca os dançarinos nos mapas da Maré e do Rio de Janeiro. Analisando dados dos arquivos do CEASM (Centro de Estudos e Ações Solidárias da Maré) sobre a história urbana e social da comunidade, organizando informações dos jovens sobre os percursos necessários para o desempenho de suas atividades diárias, percorrendo caminhos e vielas e investigando diversas facetas da arquitetura das várias "Marés", Paola desenha uma valiosa cartografia do imenso aglomerado urbano que é o complexo da Maré.

Utilizando os relatos dos jovens sobre o que consideram "morrer" e "nascer" na passagem da infância para a vida adulta, o escritor e médico Dr. Drauzio Varella nos oferece um precioso retrato sócio-psicológico de meninos e meninas criados na periferia da cidade do Rio de Janeiro. Também – e não menos cativante – as entrevistas e as observações perspicazes de Drauzio projetam perfis pungentes de outros moradores da Maré e nos permitem olhar para aspectos da vida de uma comunidade onde, como afirma o autor, estão reunidos ingredientes que servem de sustentação ao tráfico de drogas: a omissão da sociedade, os consumidores cativos, os traficantes gananciosos e os policiais corruptos.

O acompanhamento constante do aprendizado dos jovens do Corpo de Dança da Maré tem sido uma fonte de importantes reflexões para Ivaldo Bertazzo, tanto sobre o estudo de reeducação do movimento como para o aprimoramento de suas funções de educador e coreógrafo. Seu texto, a par de uma reflexão de ordem teórica sobre o universo do gesto humano, nos dá a conhecer processos de ensino de estruturação motora e os avanços que a experiência do trabalho na Maré tem tido para o desenvolvimento psíquico-motor dos jovens bailarinos e para sua diferenciação e personalização como indivíduos.

A publicação desta coletânea de artigos só merece aplausos e é mais uma iniciativa que pode contribuir para quebrar algumas fronteiras entre a favela isolada e o nosso mundo, tornando a Maré e seus moradores mais próximos do restante dos habitantes das cidades. Que, em maior número e cada vez mais, o cidadão das inúmeras periferias urbanas possa contar sua própria história, como o fazem os jovens bailarinos da Maré nos espetáculos em que se apresentam ou em livros como este, é o que desejamos.

Ruth Cardoso
Presidente do Conselho da Comunidade Solidária

Carmute Campello
Presidente do CEDAC – Centro de Educação e
Documentação para Ação Comunitária

Sumário

No canto das páginas encontram-se imagens que, quando folheadas rapidamente, do início para o final do livro, formam *flips*, seqüências de movimentos.

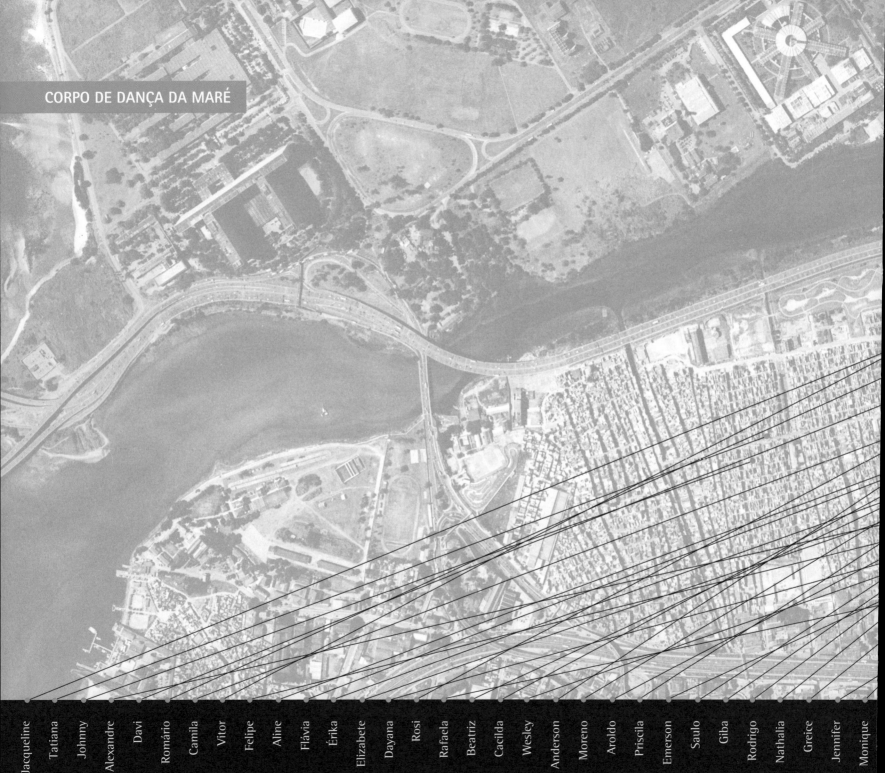

CORPO DE DANÇA DA MARÉ

Jacqueline · Tatiana · Johnny · Alexandre · Davi · Romário · Camila · Vitor · Felipe · Aline · Flávia · Érika · Elizabete · Dayana · Rosi · Rafaela · Beatriz · Cacilda · Wesley · Anderson · Moreno · Aroldo · Priscila · Emerson · Saulo · Giba · Rodrigo · Nathalia · Greice · Jennifer · Monique

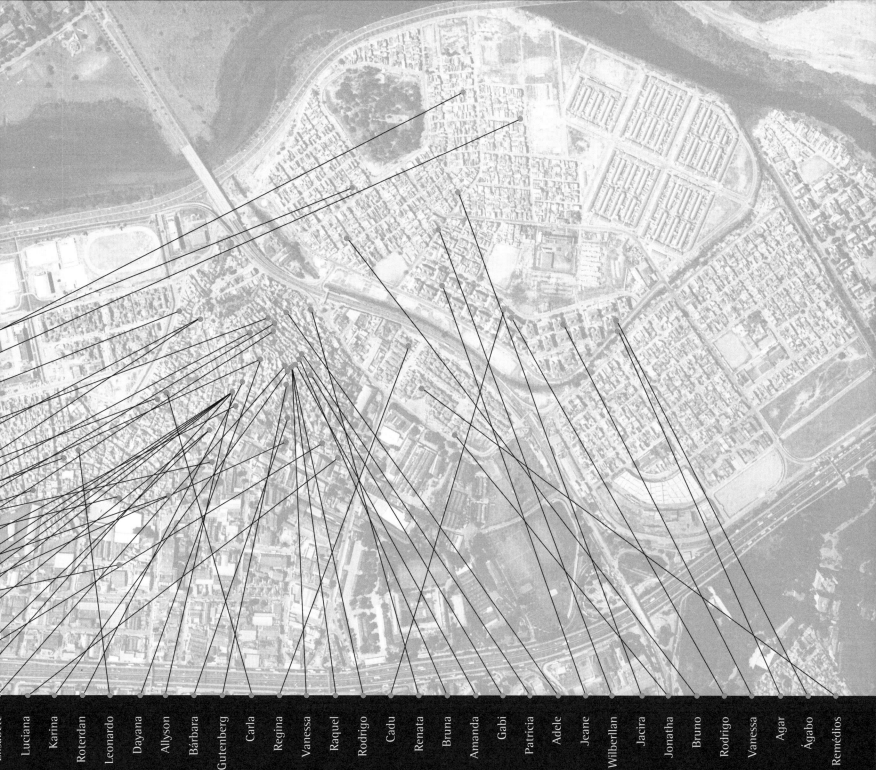

Luciana Karina Roterdan Leonardo Dayana Allyson Bárbara Gutenberg Carla Regina Vanessa Raquel Rodrigo Cadu Renata Bruna Amanda Gabi Patrícia Adele Jeane Wilberllan Jacira Jonatha Bruno Rodrigo Vanessa Agar Ágabo Remédios

CARTOGRAFIAS DA MARÉ

Paola Berenstein Jacques

Maré no mundo

O fio condutor deste livro é o Corpo de Dança da Maré, composto por 63 integrantes, adolescentes e, em sua grande maioria, moradores do complexo da Maré, também conhecido como favela da Maré, localizado na zona norte da cidade do Rio de Janeiro. A Maré, como a grande maioria das favelas, muito raramente aparece nos mapas da cidade, e, apesar de situar-se em uma área extremamente movimentada (entre a Linha Vermelha, a Linha Amarela e a avenida Brasil) e de ser habitada por milhares de pessoas, é praticamente desconhecida da maioria dos cariocas, que ainda não a consideram parte integrante da "cidade maravilhosa".

Partimos de uma proposta simples: tentar conhecer, por intermédio de seus meninos e meninas dançarinos, tanto a Maré, que rapidamente se mostra um espaço múltiplo, quanto o cotidiano de seus moradores, que, apesar de aparentemente bem distinto, guarda semelhanças básicas com relação à vida em qualquer outro lugar. Aqui vamos relatar e mostrar, na forma de um pequeno caleidoscópio, aquilo que foi apresentado pelos dançarinos: histórias, espaços, desenhos, mapas, sonhos e danças.

As questões mais objetivas nos levaram às mais subjetivas. Num primeiro momento, a preocupação era espacial, a intenção inicial era exatamente colocar os dançarinos no mapa da Maré e, em conseqüência, da própria cidade. Logo em seguida fomos levados a compreender a imposição de certos gestos cotidianos decorrentes do uso diário de determinada arquitetura, de percursos urbanos, e sua repercussão na dança. A fuga de todo tipo de "determinismo geográfico" resultou em um aprendizado mútuo, com o espaço e a experiência de cada um ao percorrê-lo. A relação entre dança, corpo, espaço e movimento tornou-se cada vez mais clara. Os gestos cotidianos se transformam em dança. O ritmo se refere ao tempo, faz-se praticamente junto com o espaço. Juntos, tempo e espaço criam movimentos.

Em seguida, passou-se à investigação da arquitetura imaginária dos dançarinos, suas maneiras de apreender o espaço externo por meio da construção de "mapas mentais", sempre extremamente subjetivos. Em diversas reuniões, conversas informais, desenhos, visitas e passeios, foram os próprios dançarinos, ou melhor, cidadãos-dançantes,[1] que nos apresentaram e mostraram a Maré, em particular as diferentes comunidades onde moram[2] – Baixa do Sapateiro, Conjunto dos Pinheiros, Conjunto Bento Ribeiro, Morro do Timbau, Nova Holanda, Parque Maré, Vila do Pinheiro –, e também se apresentaram e se mostraram individualmente com muita gentileza. Adele, Ágabo, Agar, Alexandre, Aline, Allyson, Amanda, Anderson Silva, Aroldo, Bárbara, Beatriz, Bruna, Bruno, Cacilda, Carla, Camila, Cadu, Davi, Dayana Lima, Dayana Nunes, Elisabete, Elizabete, Emerson, Érika, Felipe, Flávia, Gabriele, Giba, Greice, Gutemberg, Jacira, Jacqueline, Jeane, Jennifer, Johnny, Jonatha, Juliana, Karina, Leonardo, Luciana, Maria dos Remédios, Monique, Moreno, Nathalia, Patricia, Priscila, Rafaela, Raquel, Regina, Renata, Rodrigo Araújo, Rodrigo Luís, Rodrigo Mendes, Romário, Rosimere, Roterdan, Saulo, Tatiana, Vanessa Batista, Vanessa Jorge, Vitor, Wesley e Wilberllan formam, todos juntos, uma arquitetura humana, um cenário vivo, um só corpo dançante: o Corpo de Dança da Maré.

Assim como os cidadãos-dançantes da Maré representam os moradores de suas diferentes comunidades, a Maré carioca também pode ser representativa de várias outras Marés do país. A dança das Marés é como o vai-e-vem cotidiano das águas, que limpa e renova por onde passa, e também faz aparecer e desaparecer de forma sempre modificada os diferentes caminhos a seguir, trazendo assim novas possibilidades e alternativas. Os dançarinos da Maré, com a sua ginga própria, nos mostram tanto novas coreografias como novas cartografias das Marés. Contribuem, assim, para a construção de imagens mais positivas dessas Marés brasileiras e de seus moradores, o que talvez possa ajudar a torná-las lugares menos distantes, tanto do restante das cidades das quais fazem parte quanto da própria idéia e do ideal de cidadania.

---

[1] Expressão de Ivaldo Bertazzo que se aplica a todos os indivíduos que se dispõem a conhecer melhor as possibilidades de movimento de seu próprio corpo e sua relação com o espaço.

[2] Mesmo a minoria que não mora na Maré tem uma relação cotidiana com esse lugar, principalmente através do CEASM – Centro de Estudos e Ações Solidárias da Maré, com sede no Morro do Timbau.

[3] O problema maior não é o tráfico de drogas, que existe em todas as grandes cidades, mas o porte ostensivo de armamento pesado no complexo.

[4] *Uma História da Maré* está sendo elaborada pelos moradores na Rede de Memória do CEASM. Também foram utilizados como base para o pequeno histórico a seguir: Lilian F. Vaz, *História dos bairros da Maré*, Rio de Janeiro, UFRJ, 1994 e Carlos Nelson F. dos Santos, *História do Morro do Timbau*, Rio de Janeiro, UFF, 1983.

BAÍA DE GUANABARA
(CANAL DA MARÉ)

ILHA DO FUNDÃO

LINHA VERMELHA

LINHA VERMELHA

VILA OLÍMPICA

Viaduto Oswald

②

③

⑤

①

④

⑥

PARQUE ROQUETE PINTO
PRAIA DE RAMOS
CONJUNTO MARCÍLIO DIAS

ÔNIBUS PARA
O ENSAIO

AVENIDA BRASIL

① PARQUE UNIÃO ② PARQUE MAJOR RUBENS VAZ ③ NOVA HOLANDA ④ PARQUE MARÉ ⑤ NOVA MARÉ ⑥ BAIXA DO SAPATEIRO ⑦ MORRO DO TIMBAU ⑧ CONJUNTO BENTO RIBEIRO DANTAS ⑨ CONJU PINHE

PARQUE MUNICIPAL
ECOLÓGICO DA MARÉ

LINHA VERMELHA

CANAL DO CUNHA

CANAL DO CUNHA

INSTITUTO
OSWALDO CRUZ
(anexo)

CEASM

ÔNIBUS PARA
O ENSAIO

ÔNIBUS PARA
O ENSAIO

Av. Guilherme Maxwell

ÁREA MILITAR

ÁREA MILITAR

AVENIDA BRASIL

AVENIDA BRASIL

AVENIDA BRASIL

Viaduto de Bonsucesso

LINHA AMARELA

Complexo da Maré

A Maré não é simplesmente uma favela, mas o que se denomina um complexo de favelas, várias comunidades diferentes juntas, como se fossem vários bairros distintos, uma quase-cidade informal. Complexa Maré. Na verdade, a Maré é um dos maiores laboratórios urbanos de habitação popular do país, onde inúmeras experiências habitacionais foram feitas nas últimas décadas. O próprio sítio sofreu tantas alterações que a própria maré que deu nome ao complexo já não existe mais; foram tantos os aterros, que o mar já ficou bem distante.

A pseudo-semelhança entre as mais diversas favelas cariocas pode ser desmentida em um rápido passeio pela Maré. A diversidade de formas está patente nas diferentes comunidades do complexo. Quase todas as morfologias urbanas e tipologias arquitetônicas referentes a habitações populares têm ou tiveram um exemplar na Maré: da favela labiríntica de morro ao mais cartesiano conjunto habitacional modernista, passando por palafitas em áreas alagadas e conjuntos habitacionais favelizados. Vai-se do padrão mais informal ao mais formal, que acaba se informalizando também.

De longe, quando se passa de carro pela Linha Vermelha vindo do aeroporto para o centro da cidade, por exemplo, a

Maré pode até parecer uma só favela, contínua, uma favela como outra qual-quer.[5] A aparente homogeneidade desaparece ao se entrar no complexo, e essa diversidade espacial pode ser confirmada pela própria história do lugar e de suas diferentes comunidades, ao se observar de perto suas origens, seus processos de formação e de transformação, que vão se refletir nas diferentes formas arquitetônicas e urbanas resultantes.

A Maré nasceu e se desenvolveu nas margens e sobre as águas da baía de Guanabara. Hoje, o complexo é composto por 16 comunidades, que por ordem de ocupação são: Morro do Timbau (1940), Baixa do Sapateiro (1947), Conjunto Marcílio Dias (1948), Parque Maré (1953), Parque Roquete Pinto (1955), Parque Rubens Vaz (1961), Parque União (1961), Nova Holanda (1962), Praia de Ramos (1962), Conjunto Esperança (1982), Vila do João (1982), Vila do Pinheiro (1989), Conjunto Pinheiro (1989), Conjunto Bento Ribeiro Dantas ou "Fogo Cruzado" (1992), Nova Maré (1996) e Salsa e Merengue (2000). Essas comunidades tão distintas que formam o complexo da Maré reúnem uma po-pulação de 132.176 pessoas, abrigadas em 38.273 domicílios,[6] o que representa 2,26% da população do município do Rio de Janeiro, ou seja, trata-se do maior complexo carioca de favelas.

O início da ocupação efetiva na área da Maré se deu na década de 1940 – período de mais forte proliferação de favelas no Rio de Janeiro –, pouco antes da construção e abertura da avenida Brasil (1946), que simboliza a época de expansão da industrialização da cidade. A burguesia industrial firmou-se no país sobretudo durante a Segunda Guerra Mundial, e consolidou seu poder. Com a decadência da agricultura e a forte industrialização, houve intensos movimentos migratórios em direção às cidades. Os migrantes, principalmente nordestinos fugindo da grande seca, chegavam à então capital do país, e, diante

---

[5] Nenhuma favela é igual à outra, cada uma possui suas especificidades, como os bairros, mas elas possuem também semelhanças, uma cultura própria, diferente dos bairros formais, mesmo sendo diferentes entre si. A maior diferença da Maré, em relação às outras favelas, é que ali podemos encontrar vários tipos de favela reunidas: morro, área plana, conjunto habitacional etc.

[6] Dados do Censo Maré 2000, uma iniciativa do CEASM – Centro de Estudos e Ações Solidárias da Maré – e do Censo IBGE 2000.

da crise de habitação na cidade, instalavam-se nos subúrbios distantes ou nas favelas. As favelas proliferaram nas zonas industriais.[7] A necessidade de morar perto do local de trabalho incitou a população migrante a instalar-se nos terrenos não ocupados que escaparam da especulação imobiliária pela dificuldade ou mesmo impossibilidade de construção: morros, mangues, terrenos inundáveis.

A Maré ocupa uma região originalmente pantanosa, com vários mangues e brejos, e sua imagem mais forte, ainda presente no imaginário urbano dos cariocas e na memória de vários moradores da região, são as palafitas que sustentavam os barracos de madeira em cima do mangue, que ficavam constantemente alagadas ou enlameadas quando a maré subia. Uma verdadeira cidadela feita de materiais precários e recuperados, muitas vezes trazidos pela maré cheia, erguida sobre as águas da baía de Guanabara. Hoje, assim como o próprio sobe-e-desce das marés, as palafitas já não existem, mas sem dúvida fazem parte da história desse lugar, demonstrando toda a criatividade construtiva dessa população que habitava corajosamente sobre as águas.

Essa maneira de construir era o oposto da construção tradicional em terra firme. O terreno ali era determinado pelas palafitas, estacas verticais, fincadas na lama, e era a partir dessa base que se construía uma base horizontal, também de tábuas de madeira, para se erguer a habitação. A madeira usada nessas construções apodrecia rapidamente e tinha de ser trocada. Assim, além de não serem fixos como as casas na terra firme, os barracos estavam em permanente processo de reconstrução. Entre os barracos usavam-se pontes, construídas e reconstruídas também em madeira, que após os aterros viraram as ruas e becos de boa parte da Maré de hoje.

O passado próximo da Maré é repleto de instabilidades, de constante transformação e de inúmeras reconstruções; um eterno vai-e-vem de materiais de

---

[7] O poder público pouco se manifestava face ao aumento do fluxo migratório, uma vez que o aumento da mão-de-obra barata era necessário para a indústria em crescimento, que os terrenos ocupados pelas favelas eram públicos ou pouco valorizados e que, pelo seu caráter populista, as favelas passaram a ser vistas como fontes de numerosos votos e, conseqüentemente, se tornaram praticamente intocáveis, até o período de ditadura militar.

Evolução urbana

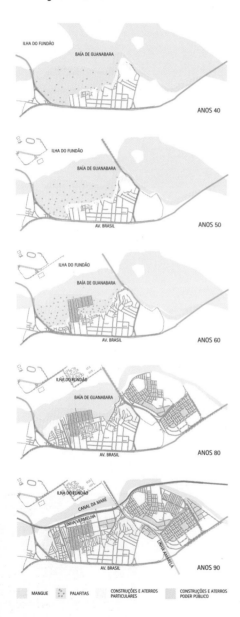

construção que pode ser relacionado com o próprio movimento das águas. As águas sempre fluem unindo seus cursos até chegar no mar, preenchendo os espaços vazios, e assim ensinam a flexibilidade e a força da união e da solidariedade numa sociedade. Parece que a população dali aprendeu de fato com as marés, observando seu movimento constante, sua mutação contínua, e assim os moradores da Maré conservam ainda hoje esta sabedoria do equilíbrio instável dos antigos marujos das palafitas.

A transformação constante, esse eterno leva e traz, esse contínuo faz e refaz, tão característico das marés em geral, também era e continua sendo uma marca registrada de todo o complexo da Maré. Se o limite irregular das palafitas que avançavam pelas águas da baía foi substituído gradativamente pelos aterros e hoje pela linearidade da Linha Vermelha, no interior do complexo os limites entre as comunidades ainda são pouco rígidos. Entretanto, podem-se notar nítidas diferenças entre os diversos tecidos urbanos, decorrentes de topografias ou planejamentos distintos: morros, aterros, beira de canais, ruas planejadas, becos labirínticos, barracos, casas ou prédios.

As comunidades que formam o complexo têm características e processos espaciais bem distintos, que vão do mais planejado ao mais espontâneo, do mais regular ao mais irregular, do mais formal ao mais informal, do mais projetado ao mais livre. As diferenças entre as formas, que hoje constituem uma diversidade muito rica, se deram por vários fatores: a história de cada ocupação, as características do sítio, as questões de propriedade, as origens da população, a organização da comunidade, os contextos políticos e sociais. Uma grande gama de formas espaciais pode ser encontrada na Maré, uma gradação que vai, por exemplo, dos estreitos becos labirínticos do Morro do Timbau às ruas mais amplas e lineares da Nova Holanda, das habitações fragmentárias da Baixa do Sapateiro até os prédios modernistas do Conjunto do Pinheiro. As diferentes comunidades são tão distintas como os diferentes bairros de uma cidade formal e chegam a ter identidades próprias, que constituem, todas juntas, a cultura multifacetada da Maré.

A única grande fronteira interna existente hoje no complexo não está entre as comunidades mas, infelizmente, entre as duas diferentes facções do tráfico de drogas e do crime organizado que literalmente cortam a Maré ao meio com suas disputas de territórios de dominação. Verdadeiras batalhas são travadas quase diariamente entre as facções rivais ou entre essas e a polícia, o que acaba de fato formando áreas de confronto perigosas, verdadeiras "linhas-de-tiro" dentro do complexo, afetando de forma direta a vida cotidiana de seus moradores. A mudança de hábitos dos moradores – no caso observado, dos adolescentes dançarinos – pode ser percebida com clareza por meio da observação de seus percursos internos: na maioria das vezes, evita-se atravessar essa região fronteiriça, o que acaba contribuindo para uma efetiva divisão entre as comunidades que estão em lados distintos da linha imaginária. Essa fronteira também não é completamente fixa e depende dos avanços territoriais e das invasões mútuas resultantes das lutas entre os dois comandos inimigos que hoje dominam o complexo.

Um breve estudo da evolução urbana de algumas comunidades que formam a Maré torna possível identificar o que esse lugar tem de específico, de diferente do resto da cidade, mas também de múltiplo, com seus diferentes espaços internos. São sistemas ou lógicas singulares, completamente diferentes, ou mesmo opostas, tanto da construção quanto do planejamento arquitetônico e urbano habituais, formais. A tendência em todo o complexo é semelhante: a de uma contaminação progressiva do formal pelo informal, em especial quando o sistema formal, planejado, foi brutalmente imposto, como no caso da "favelização"[8] dos conjuntos habitacionais.

---

[8] Processo contínuo de transformação em favela, tem habitualmente um sentido pejorativo. Aqui, no entanto, a expressão será empregada sem esse teor negativo; ao contrário, seria o que caracteriza uma cultura própria, principalmente construtiva e espacial.

ENTRADA PARA
LINHA VERMELHA

CIEP OPERÁRIO
VICENTE MARIANO

LANCHONETE   GALINHEIRO

DEBAIXO DA PONTE

ENTRADA DO PINHEIRO

EX - "CAMPO DO PICOLÉ"

ESCOLA   PRACINHA
                                          FORRÓ
COLÉGIO   PARQUE

PRAÇA PONTO
DE ÔNIBUS

PASSARELA

Rua Tancredo Neves

PEDREIRA   CASA DA   LOJA   MERCADO   PONTO DE ÔNIBUS
            MINHA AVÓ   BAR

QUIOSQUE   Av. Bento Ribeiro Dantas   VALÃO

BECO DO   LOJA DE   BAR
MENEZES   DOCES   TRAILERS
                                                   BALANÇOS
VIZINHA   BAR   PRACINHA

                         TRAILER   CICLOVIA

PAGODE   IGREJA   PRAÇA BANGU   SACOLÉ
                                    ORELHÃO
SALÃO DE FESTA   TRAILER   Rua Capivari
                                                                   Rua Praia de Inhaúma

ESCADA   TENDINHA
ESPIRAL
                                    BECO DA
                                    ESCOLINHA

CASINHAS DA PRAÇA DA 18   FUNILARIA   BECOS COM
                                                                 ESCADAS   FERRO VELHO

                                    PINHEIRO
                                              MATERIAL DE
BECO ESCURO   CONSTRUÇÃO
OU "DO FEDÔ"   ASSOCIAÇÃO
              BAR   PADARIA   DOCERIA
                                                                                        PADARIA
CEASM   Rua Meireles   ARMARINHO
PRAÇA DA 18   FOGO CRUZADO
OU PRAÇA DO CABRITO   BAR   PEDREIRA
RUA DA PRAIA   PADARIA
                    KOMBI   ORELHÃO
ESCOLINHA   MAT. DE   Rua dos Caetés   BAR
                    CONSTR.
Rua Capitão Carlos PADARIA   IGREJA   CRECHE
                    MERCEARIA   LOCADORA
                              LANCHONETE

                                    TRAVESSA CAPIVARI
RUA   METALÚRGICA   MERCADO
PEDRO   BAR   QUEBRA-MOLAS
Rua Nova Canaã   BAR   SESI
                    FÁBRICA
MERCADO   RUA ALABAMA
ASSOCIAÇÃO   ESCADAS   SALÃO DE FESTA
TORRES
PADARIA   MATERIAL DE   RUA MAGALHÃES
                               CONSTRUÇÃO   RUA MAGALHÃES   RUA JOÃO MAGALHÃES
FARMÁCIA
                                                                 MINHA CASA ANTIGA
POSTO POLICIAL   LAVA JATO   ÔNIBUS PARA
E.M. IV   O ENSAIO   TRAILER
CENTENÁRIO   GALPÃO   ESTACIONAMENTO
LOCADORA   CORAÇÕES UNIDOS
ADARIA   RUA CAPITÃO CARLOS
RUA DE SERVIÇO   ORELHÃO
                                                                          BAR
DEPÓSITO DE GUARANÁ   LOCADORA

Morro do Timbau

A comunidade do Timbau está situada sobre o morro de mesmo nome, que vem do tupi-guarani *thybau*, "entre as águas". O morro, uma das únicas áreas originalmente secas da região, ficava de fato no meio de áreas alagadiças e de mangue, entre as águas da baía de Guanabara. Trata-se hoje de uma das mais consolidadas comunidades do complexo, que ainda apresenta um tecido urbano irregular, labiríntico, com vários becos sem saída e grande parte das ruas que seguem as curvas de nível do morro. É uma formação típica de favelas em encostas mas com uma grande diferença em comparação com outras favelas de morro: o Timbau apresenta uma densidade habitacional extremamente baixa. As habitações, que estão se verticalizando cada vez mais, ainda se mantêm mais distantes umas das outras do que o usual em favelas, conferindo um espaçamento maior e permitindo a circulação de automóveis pelas ruas, o que só pode ser explicado pelo rigoroso controle exercido pelos militares durante a ocupação inicial da área.

É sabido que a primeira ocupação efetiva da comunidade se deu na década de 1940, a partir da chegada da primeira moradora, a personagem lendária e simbólica dona Orosina, que, segundo seu próprio depoimento, se encantou pelo lugar aprazível e desocupado durante um passeio dominical pela praia de Inhaúma. Ela também dizia que, recolhendo os pedaços de madeira que a própria maré trazia, ela demarcou uma área no morro para ali construir com o marido um pequeno barraco, que veio a ser a primeira habitação do Timbau, comunidade onde reside a maioria dos dançarinos da Maré.

"A ocupação do Morro do Timbau começou em meados da década de 1940. Toda a região era devoluta, de difícil acesso. Os terrenos não se prestavam à construção por serem pantanosos ou não urbanizados. Os primeiros invasores se referem sempre a dois fatores físicos que, pela constância das situações, deviam impressionar e se impor: 'Isto aqui era um matagal'; 'a variante estava em construção'. O que é chamado de 'variante' eram as pistas centrais da avenida Brasil, hoje o principal acesso rodoviário da cidade do Rio de Janeiro, que, na época, estavam sendo construídas. (...) Havia ali uma praia, então limpa e agradável. Chamava-se praia de Inhaúma, embora o bairro do mesmo nome ficasse dis-

tante, no interior do tecido urbano. Foi ali, aliás, como resultado de um passeio de domingo à praia de Inhaúma, que os primeiros ocupantes se apaixonaram pelas características da localidade. Nada existia ali, exceto o matagal que, na linguagem do dia-a-dia, significava que a região estava coberta de espessa vegetação. A praia estava coberta de pedaços de madeira trazidos pela maré, e que pareciam sugerir seu uso para alguma boa finalidade. E foi isto exatamente que uma mulher inteligente fez, ignorando os protestos de seu marido e começando a juntar pedaços de madeira, com o intuito de levantar um barraco naquele ponto deserto que parecia não ter interesse a ninguém. (...) Ela escolheu um ponto seco, conveniente, numa pequena elevação próxima ao mar, e levantou seu pequeno barraco com os materiais que a maré trazia de graça."[9]

[9] Carlos Nelson Ferreira dos Santos, *História do Morro do Timbau*, Rio de Janeiro, UFF, 1983.

A partir do momento em que dona Orosina ocupou o lugar, demarcando um "território", plantando inclusive árvores frutíferas e uma horta, várias outras pessoas vieram instalar-se nas proximidades. Ela ajudou os novos vizinhos e os alertou da "ilegalidade" da ocupação, mas por um bom tempo nenhum proprietário apareceu para incomodá-los. Foi só com a instalação nas proximidades do 1º Regimento de Carros de Combate (1º RCC) do Rio de Janeiro, em 1947, que essa situação mudou. Os militares, que se diziam donos do terreno (que na verdade era da União), passaram a controlar sistematicamente todo o Morro do Timbau, chegando a elaborar um projeto para cercar o morro com arame farpado.

Eles controlavam a entrada dos moradores, e ainda cobravam o que chamavam de "taxas de ocupação", um tipo de "aluguel" informal dos terrenos, que, de forma paradoxal, acabava por "legitimar" o assentamento de várias famílias no morro.

Apesar da irregularidade e da violência dos procedimentos adotados, os militares paradoxalmente também foram responsáveis por um tipo de controle do uso do solo da comunidade, mesmo que ainda não seja possível falar em planejamento organizado. Como já dissemos, apesar das características morfológicas típicas das favelas de morro, a favela do Timbau tem particularidades ligadas à sua baixa densidade, que está diretamente relacionada ao controle espacial imposto pelos militares. Outra conseqüência direta dessa disciplina militar imposta foi o crescimento de um sentimento de revolta da população local, que se organizou e fundou, já em 1954, uma das primeiras associações de moradores de favelas do Rio de Janeiro.

Além do controle urbano, os militares também controlavam a arquitetura das habitações; era proibido, por exemplo, trocar as madeiras das paredes por alvenaria e o zinco do telhado por telhas. Tudo aquilo que pudesse ser considerado como uma construção permanente era demolido. As obras que poderiam trazer melhorias de serviços básicos também eram reprimidas, e a associação de moradores foi criada para lutar por esses serviços, principalmente água e luz. Aos poucos, a exemplar organização comunitária rendeu frutos tais como: distribuição de água, eletricidade, rede de esgotos, pavimentação de ruas, recolhimento de lixo. A última etapa da urbanização, a legalização dos terrenos, só ocorreu com o Projeto Rio – projeto federal de urbanização de toda a região, responsável pela maioria dos aterros e pela retirada das palafitas, em 1982, quando o então presidente João Figueiredo distribuiu os títulos de propriedade aos mais antigos moradores em festa digna de comício político.

É interessante notar a relação direta entre urbanização de favelas e abertura política: se durante períodos menos democráticos, principalmente a ditadura, a ordem era a remoção,[10] nos períodos mais populistas tendeu-se à legalização. No caso do Timbau, o primeiro passo nesse sentido foi dado justamente pela "heroína" local, dona Orosina, que no auge do abuso de autoridade dos militares escreveu uma carta ao presidente Getúlio Vargas denunciando a cobrança de "taxas de ocupação", e este, em sua fase populista, a recebeu e lhe confiou um documento informal de posse, uma garantia contra a cobrança indevida dos militares. A legalização dos terrenos ocupados, com a devida transferência de posse, é o que juridicamente transforma uma favela em um bairro formal, legal.

Entretanto, continuaremos a considerar essas áreas como favelas, não em sentido pejorativo, mas, ao contrário, para caracterizar sua cultura própria, principalmente construtiva e espacial, como veremos em seguida, que difere dos bairros formais até mesmo por seu histórico singular de ocupação. Favelas são

---

[10] Os primeiros órgãos diretamente ligados ao controle social e político, e mesmo de repressão, das favelas foram a Fundação Leão XIII (1947) e a guarda municipal (1948), criados na época da ocupação inicial da Maré. Durante a ditadura militar, entre 1964 e 1974, oitenta favelas, com 26.193 barracos, foram removidas, deslocando uma população de 139.218 pessoas. Os moradores das favelas removidas foram realocados em conjuntos habitacionais ou moradias provisórias, algumas na própria Maré, como veremos a seguir.

sempre espaços que foram em parte ou totalmente conquistados e construídos pelos próprios moradores, segundo uma lógica participativa singular, contrária ao que ocorre na cidade formal. Insistiremos aqui na idéia de que as favelas se constituem por meio de um processo arquitetônico e urbanístico vernáculo singular, que difere do dispositivo projetual tradicional da arquitetura e urbanismo eruditos, e também constitui uma cultura e até mesmo uma estética espacial própria, diferente da cultura e da estética da cidade formal e com características peculiares. Essa cultura e estética da favela, essa outra forma de construir e de habitar, têm reflexos ou influências de todos os aspectos da vida cotidiana de seus moradores.

VILA OLÍMPICA

CIEP OPERÁRIO VICENTE MARIANO

Rua Tancredo Neves

QUIOSQUE

BECO DO MENEZES

VIZINHA

PEDREIRA

Rua Tancredo Neves

PAGODE

IGREJA

BECOS COM ESCADAS

CASINHAS DA PRAÇA DA 18

CIEP ELIS REGINA

Rua Oliveira

FUNILARIA

ESCADA ESPIRAL

MATERIAL DE CONSTRUÇÃO

RA XXX

AM

Rua Meireles

DOCERIA

CIEP SAMORA MACHEL

VALÃO

BECO ESCURO OU "DO FEDÔ"
BAR
CEASM

MAT. CONSTR.

ARMARINHO
BAR

AM

Rua dos Caetés

BAR

ORELHÃO

PEDREIRA

BAR

PRAÇA DA 18 OU PRAÇA DO CABRITO

Rua da Praia

ESCOLINHA

PADARIA

IGREJA

CRECHE

LOCADORA

RUA PRINCIPAL

Rua Capitão Carlos

Rua Oliveira

Rua dos Caetés

LANCHONETE

TRAVESSA CAPIVARI

FRONTEIRA DA TATAJUBA

BECO DONÃO

RUA PEDRO

Rua Nova Canaã

MERCADO
ASSOCIAÇÃO

ESCADAS

MATERIAL DE CONSTRUÇÃO

RUA MAGALHÃES

RUA TATAJUBA

RUA CARMELA DUTRA

RUA IVANILDO ALVES

TORRES

PADARIA

FARMÁCIA

MINHA CASA AN

TRAVESSA RUA NOVA

Rua da Paz

POSTO POLICIAL

E.M. IV CENTENÁRIO

LAVA JATO

ÔNIBUS PARA O ENSAIO

ESCOLA ONDE TRABALHO

GALPÃO

RUA NOVA

RUA BELA

RUA NABUCO

PADARIA

LOCADORA

CORAÇÕES UNIDOS

Rua João Pessoa

Princesa Isabel

MERCEARIA DO MEU TIO

RUA DE SERVIÇO

RUA JOAQUIM

Rua

MURO DA REAL

LOCADORA

RUA NOVA JERUSALÉM

DEPÓSITO DE GUARANÁ

EDITORA

RUA DA PROCLAMAÇÃO

PARAIBUNA

TRAILERS

IGREJA DOS NAVEGANTES

BAIXA DO SAPATEIRO   ● REFERÊNCIA DOS DANÇARINOS   ● CASA DOS DANÇARINOS   LINHAS COLORIDAS = PERCURSOS DOS DANÇARINOS

Baixa do Sapateiro

Apesar de se encontrar em uma área bem mais plana, o traçado urbano da Baixa do Sapateiro é ainda mais irregular e sobretudo mais exíguo que o do Morro do Timbau. Dois fatores relativos ao processo de ocupação dessas duas áreas adjacentes contribuíram para que isso ocorresse: no Morro, como já vimos, a ocupação controlada, e, na Baixa, o fato de ter sido uma área alagadiça com grande parte de suas construções sobre palafitas. As pontes de tábuas que ligavam os barracos em madeira, construídos sobre as águas, transformaram-se, no momento dos aterros, em um verdadeiro labirinto, um conjunto de becos e vielas intrincado e confuso, hoje aparentemente aleatório, mas que originalmente seguia o traçado das pontes existentes e das antigas palafitas. A lógica da construção sobre as águas se assemelha à forma de um ancoradouro provisório de pequenos barcos que se ligam uns aos outros...

O nome da comunidade tem uma origem duvidosa, e são três as versões correntes. De acordo com a primeira, haveria de fato um sapateiro na ocupação inicial da área; na segunda versão, o nome seria uma alusão à Baixa do Sapateiro de Salvador, na Bahia, uma vez que vários nordestinos migraram para a comu-

nidade; e, na última, o nome faria referência a uma planta conhecida como sapateiro, bastante presente na vegetação de manguezais. O que se sabe é que a comunidade surgiu em uma parte seca, na continuidade do Morro do Timbau – os limites entre essas comunidades contíguas não eram bem definidos –, no final da rua Nova Jerusalém, mais precisamente a partir dos limites do loteamento de Bonsucesso, do morro e dos mangues. A ocupação inicial era conhecida como a "Favelinha do Mangue de Bonsucesso", e na década de 1950 começaram as primeiras construções sobre palafitas que foram progressivamente invadindo os mangues e as águas da baía de Guanabara.

Nesse período foi realizado um primeiro grande aterro – dentro de um projeto mais vasto de construção da nova Cidade Universitária –, que uniu várias ilhas: Fundão, Pindaí do Ferreira, Pindaí do França, Sapucaia, Bom Jesus, Baiacu, Cabras e Catalão. A instalação da Cidade Universitária na ilha do Fundão foi responsável por mudanças na região, a começar pela acessibilidade da área, que passou a ser passagem obrigatória do tráfego que vinha da avenida Brasil para a nova universidade, com a construção da ponte Oswaldo Cruz. Novos moradores também chegavam à Maré – Timbau e Baixa –, atraídos pelos novos acessos, expulsos pelas desapropriações das ilhas, ou ainda seduzidos pela proximidade do local de trabalho, como no caso dos operários da obra da Cidade Universitária. Áreas de mangue também foram aterradas pelos moradores, mas de uma forma bem mais discreta e paulatina. É interessante notar que na Maré, ao contrário da maioria das favelas de morro, os terrenos mais valorizados eram os mais altos, por serem os mais secos. Na parte mais baixa ficava a população mais pobre, geralmente em palafitas nas áreas inundáveis.

A vida cotidiana dos moradores da Baixa do Sapateiro era marcada pela precariedade. Os barracos eram construídos à noite, com materiais precários, geralmente restos de madeira e lata, sobre as palafitas, também de madeira, de quase dois metros de altura. Na Baixa não havia o controle militar, mas existia a repressão da guarda municipal, que se aproveitava dessa precariedade das construções para derrubar, de uma só vez – usando cabos de aço puxados por tratores – vários barracos. A instabilidade era total. Alguns moradores chegaram a se mudar, no fim da década de 1950, para o Parque União, outra comunidade do complexo que surgiu nesse momento, sendo uma das primeiras invasões planejadas de que se tem notícia. Em 1957, foi fundada a associação de moradores da Baixa do Sapateiro, para lutar pela permanência da população. Durante a ditadura militar, a comunidade esteve constantemente ameaçada.

Foi só com o Projeto Rio que as palafitas desapareceram completamente: uma boa parte já havia sido aterrada pelos próprios habitantes, as que sobraram foram retiradas e seus moradores transferidos para os novos conjuntos habitacionais recém-construídos: a Vila do João (uma alusão ao presidente João Figueiredo) e, um pouco mais tarde, a Vila do Pinheiro. Novos aterros foram realizados, e a partir daí a comunidade consolidou-se de forma definitiva, vários barracos de madeira se transformaram em casas de alvenaria e os serviços urbanos básicos foram concluídos.

Mesmo que hoje já não existam palafitas nem áreas inundáveis na comunidade, em sua configuração urbana, é principalmente na irregularidade do tecido, podemos ainda notar sinais desse passado próximo de precariedade e instabilidade. A Baixa do Sapateiro junto com parte do Morro de Timbau e do Parque Maré são as áreas onde as características típicas das favelas cariocas – arquitetura fragmentária, tecido urbano labiríntico, desenvolvimento territorial orgânico – se apresentam de forma mais evidente dentro do complexo da Maré.

CEASM NOVA HOLANDA

CIEP SAMORA MACHEL

PRAÇA DA 18
OU PRAÇA DO CABRITO

RUA PRINCIPAL

DEPÓSITO DE BEBIDAS

KOMBI

FRONTEIRA DA TATAJUBA

BECO   DONATO

RUA   PEDRO   TORRES

ESCOLA NOVA HOLANDA

BLOCO GATO DE BONSUCESSO

RUA TATAJUBA

RUA i

RUA CARMELA DUTRA

RUA IVANILDO ALVES

Rua da Paz

TRAVESSA RUA NOVA

ESCOLA ONDE
TRABALHO

LOCADORA

Rua Jorge Luiz

Rua João Pessoa

RUA NOVA

RUA BELA

MERCEARIA
DO MEU TIO

PADARIA

RUA DE SERVIÇO

Rua São Jorge

0

Isabel

Rua Princesa

MURO DA REAL

DEPÓSITO DE G

RUA JOAQUIM NABUCO

BAR

TRAILERS

Rua Bitencourt Sampaio

Rua Bitencourt Sampaio

Rua Sargento Silva Nunes

RUA FLÁVIA FARNESE

Rua Teixeira Ribeiro

Rua 29 de Julho

Rua 17 de Fevereiro

Rua 7 de Março

POSTO DE
GASOLINA

ÔNIBUS PARA
O ENSAIO

SUPERMERCADO

LANCHONETE

PARQUE MARÉ   ● REFERÊNCIA DOS DANÇARINOS   ○ CASA DOS DANÇARINOS   LINHAS COLORIDAS = PERCURSOS DOS DANÇARINOS

Parque Maré

O Parque Maré foi inicialmente ocupado como uma continuação da Baixa do Sapateiro. Por esse motivo, as duas comunidades têm semelhanças formais, como a irregularidade das ruas e becos decorrente das antigas pontes que ligavam os barracos sobre palafitas. No entanto, já se podem observar algumas ruas mais regulares surgidas como um prolongamento das ruas existentes no tecido formal, constituindo quadras mais tradicionais, retangulares. O Parque Maré apresenta alta densidade demográfica, que pode ser explicada por sua maior proximidade da avenida Brasil. A primeira ocupação data do início da década de 1950, quando surgem os primeiros barracos construídos próximos ou sobre os mangues, com grande número de palafitas.

Vários aterros coletivos foram realizados sistematicamente pelos moradores, que se aproveitavam do fato de estarem perto da avenida Brasil para pedir que caminhões de entulho despejassem sua carga na área. Inicialmente os aterros foram feitos com carvão, mas em seguida todo tipo de material de demolição disponível foi utilizado. As últimas palafitas restantes também foram, como na Baixa, retiradas pelo Projeto Rio.

Os barracos avançavam pelas águas da baía e eram construídos de duas formas distintas: na maioria das vezes, para garantir após o aterro uma área maior, a habitação era erguida na frente do "terreno", o banheiro nos fundos, a vários metros de distância, e entre eles eram construídas pontes de madeira sobre as águas; os mais pobres, sem recursos para fazer o banheiro, erguiam seu barraco encostado ao do vizinho, para poder utilizar sua ponte. Esse tipo de ocupação inicial refletiu-se diretamente no traçado irregular e na largura dos becos e vielas da comunidade.

É interessante notar a maneira como os aterros foram feitos pelos próprios moradores. Geralmente se colocavam tábuas de madeira em volta da área a ser aterrada, para que esta pudesse ser preenchida por carvão. No entanto, as marés e seu eterno bater das águas faziam apodrecer as madeiras, que precisavam ser substituídas com freqüência para evitar desmoronamentos. Uma vez que as águas tentavam avançar no local durante a maré cheia, o faz e refaz dos aterros iniciais também era constante.

O Parque Maré conheceu uma grande expansão na década de 1960, quando também foi criada sua associação de moradores, para lutar pela permanência e consolidação da comunidade. Assim como a comunidade vizinha, a Baixa do Sapateiro, o Parque Maré sofreu, após o Projeto Rio, um pequeno decréscimo populacional, menor que na Baixa, por causa da remoção e realocação dos moradores das palafitas. Mesmo assim, o Parque ainda hoje tem uma das maiores populações do complexo, equivalente à da Vila Pinheiro e só menor que a do Parque União. Foi somente nas décadas de 1980 e 1990, após o Projeto Rio, que a comunidade de fato se fixou e se consolidou. Hoje é umas das comunidades do complexo mais marcadas pela violência, devido à proximidade com a atual "área de fronteira" entre as duas facções rivais que controlam o tráfico de drogas no complexo.

Evolução arquitetônica

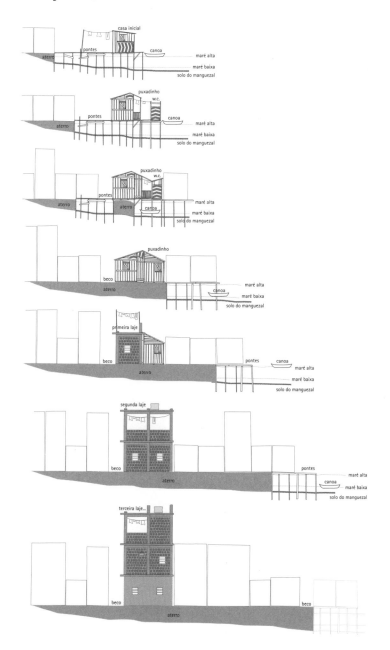

Linha Vermelha

CENTRO
COMUNITÁRIO

Rua Tancredo

Neves

Rua Darci Vargas

RIO RAMOS

Rua Principal

Rua João Araújo

Rua Massaranduba

Rua Bitencourt Sampaio

BATALHÃO PM
(em construção)

CEASM
NOVA HOLANDA

DEPÓSITO
DE BEBIDAS

KOMBI   BLOCO GATO
           DE BONSUCESSO
ESCOLA
NOVA HOLANDA

RUA i

Rua Jorge Luiz

Rua São Jorge

Rua Tancredo Neves

Mané (Garrincha)

Rua

Rua José Carlos

CIEP SAMORA M

RUA PRINCIPAL

RUA TATAJUBÁ

TRAVESSA RUA NOVA

Rua João Pessoa

RUA NOVA

RUA BELA

RUA JOAQUIM NABUCO

Rua   Princesa Is

MURO D

BAR

NOVA HOLANDA   ● REFERÊNCIA DOS DANÇARINOS   ● CASA DOS DANÇARINOS   LINHAS COLORIDAS = PERCURSOS DOS DANÇARINOS

Nova Holanda

A comunidade Nova Holanda teve um processo de ocupação completamente diferente, para não dizer oposto, ao das demais formações que vimos até agora. Sua origem – ao contrário do Timbau, Baixa ou Parque Maré – não foi uma invasão espontânea, nem mesmo uma invasão planejada, como ocorreu no Parque União. A comunidade de Nova Holanda foi inteiramente planejada e construída pelo poder público na década de 1960, no governo Carlos Lacerda, sobre um imenso aterro realizado ao lado do Parque Maré. As dimensões do aterro realizado impressionou tanto que influenciou até a escolha do nome da comunidade, uma homenagem à Holanda, o país europeu quase inteiramente construído abaixo do nível do mar, sobre aterros e diques. Outra semelhança são as roldanas, que podemos encontrar em algumas casas e que indicam que as mudanças eram feitas por cabos externos, exatamente como ocorre em cidades holandesas, principalmente Amsterdã.

A Nova Holanda apresenta, até hoje, em sua configuração urbana, a regularidade e a ortogonalidade dos conjuntos habitacionais modernistas, racionais e cartesianos. A arquitetura das casas seguia a mesma lógica: eram casas em série, idênticas. Mas também não era exatamente o que pode ser chamado de conjunto habitacional, pois a Nova Holanda foi projetada para ser um Centro de Habitação Provisória (CHP). Assim, desde a origem, tinha uma característica típica das favelas: a provisoriedade, que é exatamente o que leva à precariedade e à instabilidade. As casas, por serem a princípio provisórias, foram construídas em madeira, em dois padrões básicos: unidades individuais simples e o modelo "vagão" ou "dúplex", com dois pavimentos. Essa mesma condição "provisória" não permitia, num primeiro momento, que fossem realizadas melhorias pelos moradores, o que provocou uma rápida degradação das construções. Mas o que era provisório virou permanente, e a Nova Holanda, apesar de não ter nascido favela, "favelizou-se" progressivamente.

O mais interessante em termos formais, na Nova Holanda de hoje, é que ao mesmo tempo que o traçado urbano, nitidamente moderno, em xadrez,[11] foi preservado quase por inteiro, a arquitetura das casas foi modificada seguindo a lógica singular das favelas, ou seja, construções em constante transformação e crescimento. Primeiro se deu a substituição progressiva das madeiras das casas pela alvenaria e, em seguida, vieram as inúmeras extensões pelos ditos "puxa-dinhos" ou verticalizações por meio da utilização das famosas "lajes". Assim, as casas originais em madeira praticamente desapareceram. São raros os exem-plares originais da época do CHP que ainda podem ser vistos na Nova Holanda. Eles foram literalmente apagados da paisagem pela população local. A comu-nidade da Nova Holanda é hoje uma das que têm mais "animação" ou vitalidade urbana, principalmente por ser um dos maiores centros comerciais do complexo.

É importante lembrar o que significava, de fato, um CHP. Este tipo de cen-tro de habitação era produto de uma política habitacional repressiva e violenta dos anos de ditadura militar. Servia como local de triagem de favelados – removidos em massa pelo governo autoritário que sistematicamente erradicava as favelas das áreas mais ricas, valiosas e visíveis da cidade, principalmente da zona sul –, para sua futura realocação em novos conjuntos habitacionais, a serem construídos na periferia distante. A Fundação Leão XII controlava tanto o processo de transferência de favelados – muitas vezes separando famílias e vizi-nhos voluntariamente por questões políticas – quanto o gerenciamento dos próprios CHPs. Esses centros surgiram a partir de uma ideologia ainda mais per-versa, pois considerava que os favelados não tinham condições de sair direto de um barraco de favela para um apartamento em um conjunto habitacional, que precisariam de uma "temporada" educativa nos Centros para adquirir novos hábitos mais "civilizados e urbanos". Tratava-se de uma premissa absurda, que julgava que os valores e a cultura da cidade formal, além da estética racional das linhas retas, deveriam ser impostos, a qualquer custo, a todos os moradores da cidade informal.

---

[11] Que segue a tradicional *grille* corbusiana, ou CIAM (Congressos Internacionais da Arquitetura Moderna), preconizada pela Carta de Atenas redigida por Le Corbusier (CIAM IV de 1933).

Moradores de diversas favelas destruídas pelo poder público foram morar no CHP da Maré. Os ocupantes removidos da favela do Esqueleto, da Praia do Pinto, do Morro da Formiga, do Morro de Querosene, das margens do Faria-Timbó foram os primeiros moradores de Nova Holanda. A eles se juntaram outros, vários outros, que nunca foram efetivamente transferidos para os tais conjuntos habitacionais em áreas "urbanizadas". Ao contrário, o que era para ser um período transitório foi se tornando definitivo, o provisório passou a ser permanente, e os mesmos problemas de serviços básicos do resto da Maré começaram a surgir em Nova Holanda. Essa situação, aliada ao rígido controle que a Fundação ainda exercia, mobilizou os moradores, antes muito separados em função de suas origens distintas, que também criaram sua associação própria na década de 1980.

Somente no princípio da década 1980, com o processo de abertura política e o fim da ditadura militar, as políticas oficiais de habitação passaram a ser menos autoritárias. A redemocratização do país possibilitou que as propostas de urbanização, que os favelados reivindicavam desde muito, fossem incorporadas às políticas federais. A permanência da população de Nova Holanda e a grande força participativa dos moradores dessa comunidade, inicialmente formada por favelados retirados à força de suas comunidades de origem, demonstravam uma pequena vitória da política da urbanização em detrimento daquela de remoção e, se considerarmos a favelização da comunidade como um fator não negativo, seria um vitória da cultura e estética espontâneas da favela, sua riqueza e variedade formal, sobre a cultura e a estética impostas dos conjuntos habitacionais, quase sempre repetitivas e homogeneizantes. Apesar disso, outros conjuntos foram construídos no complexo, tanto durante o Projeto Rio como mais recentemente, o que confirmava, mesmo de forma paradoxal, que as outras comunidades favelizadas da Maré (em áreas não inundáveis) já não corriam o risco de remoção e que o complexo se consolidava, desde os anos 1980, como uma das maiores aglomerações de população de baixa renda da cidade.

CANAL DO CUNHA

TRAVESSA

TRAVESSA

TRAVESSA

TRAVESSA

TRAVESSA

SALSA

Linha Vermelha

Via Seletiva

Via B 9

Parque Municipal Ecológico da Maré ou "MATA"

TRAVESSA

ENTRADA DA MATA

TRAVESSA

IGREJA

Via A 2

CASA DO MEU NAMORADO

SACOLÃO

Via B 1

Rua Projetada F

BAR ROSA

TRAVESSA

LANCHONETE

PRAÇA COM TRAILERS

Via C 4

CASA DA MINHA AVÓ

FARMÁCIA

Via A 1

Av. Canal

LOCADORA

VALÃO

CICLOVIA

ENTRADA PARA LINHA VERMELHA

DEPÓSITO DE BEBIDAS

GÁS

BRIZOLÃO

Ponte Oswaldo Cruz

LANCHONETE

DOCERIA

GALINHEIRO

CIEP

DEBAIXO DA PONTE

ENTRADA DO PINHEIRO

TRAILERS LANCHONETE EX - "CAMPO DO PICOLÉ"

CAMPO DE FUTEBOL "DA TOCA"

ANTIGO "KINDER OVO"

IGREJA

ESCOLA

COLÉGIO

PRACINHA FORRÓ PARQUE

ASSOCIAÇÃO

PEDREIRA

PASSARELA

PULA O MURO

IGREJA ADVENTISTA

Via B 9

LOJA

BAR

PONTO DE ÔNIBUS

Av. Canal 2

BAR

TRAILERS BALANÇOS PRACINHA

Av. Bento Ribeiro Dantas

VALÃO

PONTE

IGREJA

CICLOVIA

Av. Canal

SACOLÃO

Rua Capivari

Rua Praia de Inhaúma

VALÃO

CAMPO DE FUTEBOL

BECOS COM ESCADAS

FERRO VELHO

POSTE SOBRE VALÃO

BAR

DOCERIA

PONTE

CEASM

Rua Meireles

KOMBI

BAR

IGREJA

Rua dos Caetés

PADARIA

PADARIA

CRECHE

LOCADORA

FOGO CRUZADO

RUA CAPIVARI

TRAVESSA CAPIVARI

PASSARELA

CONJUNTO PINHEIRO   VILA PINHEIRO   ● REFERÊNCIA DOS DANÇARINOS   ● CASA DOS DANÇARINOS   LINHAS COLORIDAS = PERCURSOS DOS DANÇARINOS

Pinheiro

Do outro lado do viaduto de acesso da Linha Amarela para a Cidade Universitária, para quem vem do Morro do Timbau, fica a região conhecida como Pinheiro. Trata-se de um grande aterro feito na época do Projeto Rio, para abrigar os antigos moradores das palafitas da Baixa do Sapateiro e do Parque Maré, que anexou a antiga ilha do Pinheiro ao complexo. Foram inicialmente construídos ali dois grandes conjuntos habitacionais com tipologias arquitetônicas bem distintas: a Vila do Pinheiro, de pequenas casas geminadas unifamiliares, e o Conjunto Pinheiro, de grandes blocos de prédios multifamiliares. Mais recentemente, foi construído na área o conjunto conhecido como Salsa e Merengue. Da famosa ilha de vegetação exuberante, que era conhecida por ser um antigo laboratório a céu aberto do Instituto Oswaldo Cruz, onde se criavam macacos, só sobrou hoje um pequeno trecho de área verde: o Parque Ecológico dos Pinheiros, também conhecido como a "mata".[12]

A Vila do Pinheiro foi planejada em torno deste parque, dentro do padrão habitual dos planejamentos racionais, ou seja, uma pequena quadra urbana regular. Mas, como o parque é circular, essa trama não parece tão rígida como, por exemplo, a da Vila do João, que de início foi seu modelo. Os dois conjuntos habitacionais foram construídos pelo poder público seguindo a mesma lógica e para a mesma função. As vilas abrigaram os moradores das palafitas, que assim não foram removidos para lugares distantes, como era a norma no período político anterior, mas para uma área livre, no caso aterrada, próxima à sua comunidade de origem. Tratava-se de um avanço, mas – apesar de esforços dos técnicos que ingenuamente ofereciam aos futuros moradores a escolha das cores das fachadas de suas casas –, as vilas também se favelizaram com rapidez, o que já ocorrera em Nova Holanda.

---

[12] O parque não é muito utilizado pela população, que o considera perigoso. Parece que uma "aura" de mistério e medo ronda o lugar. Outra área considerada "problemática" seriam as margens do canal que desemboca na baía.

Favelização do conjunto

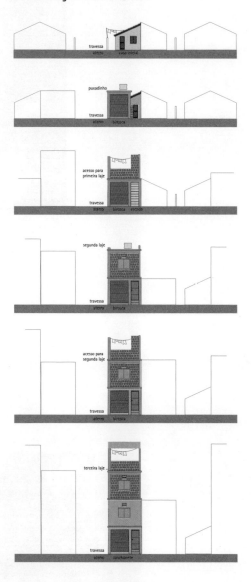

No projeto original estava prevista a remoção de todas as favelas da região para posterior realocação em conjuntos mas, diante as diversas reações negativas, somente os moradores das palafitas foram removidos. No entanto, mesmo essas áreas poderiam ter sido "urbanizadas". Da mesma forma que os próprios moradores aterraram várias áreas inundáveis, com carvão ou outros materiais, mantendo as construções e só retirando as palafitas, o poder público poderia ter tentado o mesmo, e aí sim ter inaugurado outro tipo de urbanização no lugar das remoções, ao manter a mesma lógica das pontes e das palafitas. Hoje, o que se constata é que os conjuntos se assemelham muito mais às comunidades faveladas vizinhas do que à cidade formal, apesar de suas tramas ortogonais com lotes regulares. O processo de "favelização" dos conjuntos habitacionais, ainda pouco estudado,[13] ocorreu em todos os conjuntos da Maré e na grande maioria dos conjuntos cariocas. Esse processo demonstra tanto a rejeição dos moradores à imposição de modelos autoritários de planejamento arquitetônico e urbano quanto a própria incapacidade dos arquitetos, urbanistas e técnicos para lidar com a complexa questão da habitação popular. A inadequação dos projetos racionais dos conjuntos, que são transformados pelos moradores em novas favelas, reforça a idéia de uma cultura, e sobretudo de uma dinâmica espacial, que também seria social, própria às favelas, e que difere da cidade formal.

Essa dinâmica espacial da favela estaria diretamente relacionada às idéias de autoconstrução e de participação comunitária. Em favelas os moradores estão habituados a construir seu próprio espaço, sua própria casa, mas também os espaços públicos da comunidade, e muitas vezes coletivamente, no sistema de ajuda mútua conhecido como mutirão. Outra característica, produto da autoconstrução, é que essas construções não têm projeto prévio e por isso estão sempre em transformação, em eterna mutação.

Quando chegam aos conjuntos, os moradores de favelas mantêm essa cultura construtiva própria e começam a realizar alterações nos espaços a princípio fixos e acabados. Essas alterações geralmente seguem a lógica do "puxadinho"

---

[13] Uma exceção é o trabalho de Luciana Andrade e Gerônimo Leitão Revertendo a "favelização" de conjuntos habitacionais: o papel do poder público e propostas de intervenções, *NUTAU 2000,* São Paulo, FAU-USP.

e da "laje", ou seja, continuam a construção para os lados, ou para cima. Na maioria das vezes, os anexos "puxados" servem como biroscas, para qualquer tipo de comércio gerador de renda, e a verticalização por meio das lajes serve tanto para aumentar a própria habitação quanto para fins comerciais de locação ou até mesmo venda. A laje vendida ou alugada é cedida para outra família construir sua própria habitação. Via de regra, as modificações e acréscimos seguem uma lógica própria da cultura construtiva das favelas, o que gera, em áreas originalmente projetadas, espacialidades muito semelhantes àquelas surgidas de forma "espontânea" nas favelas.

Na Vila do Pinheiro, assim como na Vila do João, são poucas as casas originais remanescentes. Os conjuntos foram favelizados e só mantiveram o arruamento regular planejado. No caso do Conjunto Pinheiro, tanto por sua tipologia, prédios de apartamentos, quanto pelo material utilizado, estruturas de concreto pré-fabricadas, foi bem mais difícil a execução, pelos moradores, dos acréscimos e alterações habituais. Mas, mesmo neste caso, ainda é possível se notar modificações, principalmente no térreo, onde foram deixadas áreas livres ou de garagem, que foram progressivamente apropriadas pelos moradores para a construção de biroscas.

Os muros monótonos[14] que cercavam os blocos repetitivos ganharam formas distintas e novos usos. Muitas vezes essas alterações têm um caráter simbólico de dar identidade própria à unidade de cada morador, geralmente planejada para ser idêntica a todas as outras. As alterações internas também são freqüentes: os apartamentos planejados para fins específicos são muitas vezes utilizados para funções completamente diferentes das previstas. O Conjunto Pinheiro é hoje a comunidade da Maré que permaneceu mais próxima dos traços retos e racionais de seu projeto original e, apesar da crescente favelização, a imagem, dura e monótona, de um conjunto habitacional modernista ainda está presente.

---

[14] Como os muros tinham poucas entradas para os blocos, o que é freqüente em projetos de conjuntos onde se insiste em forçar caminhos novos sem atentar para os já existentes, algumas aberturas foram criadas, mas mesmo assim ainda é comum ver moradores literalmente "pulando o muro" para "cortar caminho".

CICLOVIA

LANCHONETE

GALINHEIRO

EX - "CAMPO DO PICOLÉ"

COLÉGIO   PRACINHA
           FORRÓ
           PARQUE

VIA B1

CAMPO DE FUTEBOL

ENTRADA DO PINHEIRO

PASSARELA

LOJA

MERCADO

BAR

PONTO DE ÔNIBUS

IGREJA ADVENTISTA

Via B 9

BAR

TRAILERS
BALANÇOS
PRACINHA

Av. Bento Ribeiro Dantas

VALÃO

PULA O MURO

CICLOVIA

Av. Canal

Rua Praia de Inhaúma

VALÃO

BECOS COM
ESCADAS

FERRO VELHO

CAMPO DE FUTEBOL

AM

DOCERIA

Av. Guilherme Maxwell

POSTE SOBRE VALÃO

PONTE

LOCADORA

PADARIA

AM

PASSARELA

RUA CAPIVARI

FOGO CRUZADO

PONTO DE ÔNIBUS

SESI

Av. Bento Ribeiro Dantas

Rua Praia de Inhaúma

RUA ALABAMA

RUA JOÃO MAGALHÃES

QUARTEL

ÁREA MILITAR
(Depósito da Aeronáutica)

MINHA CASA ANTIGA

TRAILER

ESTACIONAMENTO

GALPÃO

CONJUNTO BENTO RIBEIRO   ● REFERÊNCIA DOS DANÇARINOS   ● CASA DOS DANÇARINOS   LINHAS COLORIDAS = PERCURSOS DOS DANÇARINOS

Bento Ribeiro Dantas

Em frente ao Conjunto Pinheiro foi construído, já na década de 1990, o Conjunto Bento Ribeiro Dantas, mais conhecido como "Fogo Cruzado", por ter estado por muito tempo próximo da "linha de tiro" entre as facções criminosas rivais. Um conjunto parece confrontar o outro, uma vez que a arquitetura do novo conjunto, de inspiração "pós-modernista", foi pensada exatamente como resposta a essa imagem de rigidez e peso dos antigos conjuntos modernistas. Pode-se perceber uma nítida tentativa de diversificar a composição clássica do conjunto habitacional, através de um jogo mais complexo que reúne várias unidades distintas superpostas, como em um brinquedo de encaixe. É possível também notar uma clara alusão à arquitetura das favelas, até mesmo pelos materiais utilizados, muitas vezes precários, e, sobretudo, pela utilização do tijolo e concreto aparentes. Entretanto, existe também uma preocupação em manter o desenho original, sem os acréscimos habituais, que pode ser notada na laje inclinada da cobertura, projetada exatamente para evitar a verticalização. Mesmo assim, já é possível perceber que o conjunto também se encontra em um processo contínuo de favelização e até mesmo de verticalização.

Os moradores desse conjunto foram transferidos de outras favelas consideradas de risco, através do programa da prefeitura Morar sem risco, ou seja, favelas que não poderiam ser urbanizadas pelo programa municipal de urbanização sistemática de favelas criado em 1994, o Favela-Bairro. Tratava-se basicamente das ditas "favelas de rua", que se situavam na beira de avenidas, embaixo de viadutos ou ainda na margem de rios urbanos; ou ainda de áreas de risco das favelas que estavam sendo "urbanizadas" pelo Favela-Bairro. O novo "modelo" ou padrão construtivo do conjunto foi repetido em outras comunidades carentes da cidade, inclusive na própria Maré, com a construção do conjunto Nova Maré em um novo aterro próximo à Baixa, decorrente da construção da Linha Vermelha.

O próprio fato de o modelo poder ser repetido já indica que a complexidade e a singularidade do conjunto são só aparentes. Fica assim mais evidente que a reprodução da dinâmica espacial da favela é simplesmente formal, sem buscar compreender sua lógica própria. Assim, o projeto, ao contrário de uma favela que está sempre em movimento, nasce fixo, apesar da pseudo-organicidade formal. Podemos perceber claramente uma modulação que acaba repetindo as mesmas formas, tal como ocorre nos conjuntos modernistas. A arquitetura aparentemente orgânica do novo modelo acaba caindo assim, como a grande maioria das arquiteturas planejadas, na armadilha da racionalidade construtiva e da repetição formal.

Na realidade, o novo modelo de conjunto habitacional é uma representação formal da arquitetura das favelas, uma simples alusão planejada às formas espontâneas, que acaba muito distante da maneira real dos favelados de construir e habitar o espaço. Os construtores das favelas possuem uma lógica e uma cultura espacial própria, completamente diferente da lógica da arquitetura convencional da cidade formal. Trata-se de outro processo, outra forma de construir as próprias habitações, de reagrupá-las e, assim, de ocupar e se apropriar do espaço urbano. As favelas seguem um processo espacial, uma dinâmica singular, que ocorre, como veremos a seguir, em várias escalas: arquitetônica, urbanística e territorial.

Espaço em movimento*

A discussão das questões culturais e principalmente estéticas das favelas sempre foi um tabu, mesmo sabendo-se que o samba e o carnaval (e várias outras festas populares e religiosas), ícones da nossa cultura popular, se desenvolveram e têm ligação direta com esses espaços. Ao mesmo tempo, várias favelas foram removidas por terem sido consideradas "antiestéticas". As favelas têm uma identidade espacial própria (mesmo sendo diferentes entre si) e ao mesmo tempo fazem parte da cidade como um todo, da

sua paisagem urbana. Para se intervir nesse universo espaço-temporal, em tudo diferente do resto da cidade, é imprescindível compreender-se um pouco melhor essa diferença. Existem algumas características básicas gerais desse processo espaço-temporal dinâmico (mais do que o próprio espaço, é a temporalidade que causa a diferença) das favelas, que são bem distintas do dispositivo tradicional da cidade formal, em grande parte projetada e construída por técnicos.

*Este texto reúne algumas das principais idéias já desenvolvidas anteriormente no meu livro *Estética da ginga*, Rio de Janeiro, Casa da Palavra, 2001.

Os barracos das favelas são construídos inicialmente a partir de fragmentos de materiais encontrados por acaso pelo construtor. Assim, os barracos são fragmentados formalmente. O primeiro objetivo do construtor – quase sempre o próprio morador com a ajuda de amigos e dos vizinhos (princípio de mutirão) – é abrigar a si ou a sua família. Esse primeiro abrigo é quase sempre precário, mas já forma a base para uma futura evolução. Uma primeira estrutura provisória é logo construída, geralmente à noite, e, em geral, o maior desafio é a inclinação do terreno (quando em morros), que impõe a construção sobre pilotis, ou a possibilidade de inundação (quando em áreas alagadiças), que exige a construção sobre palafitas. Tão logo a estrutura de sustentação esteja instalada, as placas de madeira – às vezes mesmo de papelão – e os latões aplainados são pregados para formar as paredes externas (fachadas) e o teto. Este pode também ser coberto com plásticos e restos de placas onduladas. No início, o abrigo consiste sempre em uma peça única; crescerá de acordo com o tempo e os meios do construtor, que deve provar dispor de grande capacidade de adaptação, criatividade e imaginação construtiva: o "jeitinho" é a condição *sine qua non* para a construção de um barraco numa favela.

A partir do momento em que encontra ou compra materiais mais adequados, o morador substitui os antigos e começa a aumentar seu barraco. Nunca existe um projeto preestabelecido, os materiais encontrados formam a base da construção, que vai depender do acaso, da disponibilidade e da necessidade. O barraco evolui constantemente, em geral até chegar à casa de alvenaria, mas mesmo assim a construção não acaba nunca, as casas estão sempre em obras. Embora menos fragmentadas formalmente do que os barracos de madeira, as casas de alvenaria também se transformam de forma contínua. A construção é cotidiana, continuamente inacabada. Depois da transformação do barraco de madeira em casa de alvenaria, as modificações continuam, em um sistema de anexos-verticalização, ou melhor, sistema "puxadinhos-lajes". Uma arquitetura convencional, ou seja, uma arquitetura feita por arquitetos, tem um projeto, que é feito antes da construção, e é este projeto que determina o seu fim, o ponto final para se concluir a construção. Quando não há um projeto, não existe uma forma predeterminada, e assim a construção não termina, permanecendo sempre inacabada.

A forma final é resultado do próprio processo construtivo; o objetivo inicial do construtor é sempre criar um abrigo. Abrigar significa cobrir, revestir para proteger ou esconder. Ou seja, construir um interior para se entrar; construir um limite entre exterior e interior. Essa separação pode existir em vários níveis a partir do próprio corpo: primeiro há a roupa, depois o abrigo, a casa, o bairro, a cidade. A grande diferença entre o abrigo da favela e a habitação da cidade formal é temporal, pois o abrigo diz respeito ao que é temporário e provisório, e a habitação, ao contrário, ao que é durável e permanente. O abrigo é temporário mesmo se durar para sempre; a habitação é durável mesmo se desabar amanhã. Mas o abrigo, mesmo não sendo concebido como tal, tem o potencial de vir a ser uma habitação. Cada abrigo tem a possibilidade imanente de se tornar habitação.

A grande distinção entre a maneira de tratar o espaço dos construtores das favelas e dos arquitetos é quanto à temporalidade, pois entre o abrigo e a habitação existe um processo espaço-temporal completamente diferente. Como se os arquitetos espacializassem o tempo e os construtores das favelas temporalizassem o espaço. Essa oposição é clara quando se compara a forma de conceber o espaço dos arquitetos – que partem sempre de projetos, de projeções espaciais e formais para um futuro próximo – com a maneira de construir nas favelas, onde nunca há um projeto preestabelecido e o contorno da forma da construção futura só aparece quando a obra começa e nunca é fixo e predefinido como em um projeto tradicional. A prática projetual dos arquitetos implica também, na maioria dos casos, uma racionalização da construção e uma simplificação do espaço por modelos ou modulações, ou seja, uma repetição do mesmo, o que não ocorre nas favelas, onde, por não existir a noção de projeto, cada barraco é inevitavelmente diferente do outro.

Quando se sai da escala de abrigo para aquela do conjunto de abrigos, do espaço livre entre os barracos que forma as vielas e os becos das favelas, a figura do labirinto aparece quase naturalmente ao "estrangeiro" que penetra os meandros da favela pela primeira vez. Além de formar de fato um labirinto formal, os caminhos internos da favela provocam a sensação labiríntica ao visitante, principalmente pela falta de referências espaciais urbanas habituais, pelas perspectivas sempre fragmentárias que causam estranhamento. Se perder-se faz

parte da experiência espacial do labirinto-favela, para não se correr esse risco é preciso ter um guia (morador), um fio de Ariadne. O "estrangeiro", mesmo sendo arquiteto ou urbanista, pode facilmente se perder diante da incerteza dos caminhos da favela (qualquer entrada pode ser um beco sem saída), pois ele não possui sua planta (que na maioria dos casos não existe). O labirinto-favela é muito mais complexo do que os labirintos planejados, pois não é fixo, acabado, está sempre se transformando. Nenhuma planta de favela é definitiva, só podem existir plantas momentâneas ou fotos aéreas, sempre feitas *a posteriori*.

O tecido urbano da favela é maleável e flexível, é o percurso que determina os caminhos. Ao contrário da planificação urbana tradicional, que determina *a priori* o traçado, as ruas da favela (e todos os espaços públicos) são determinadas exclusivamente pelo uso. Uma diferença fundamental com a cidade planejada diz respeito à relação entre espaços públicos e privados: na favela esses espaços também estão inextricavelmente ligados. Durante o dia, as ruelas se tornam a continuação das casas, espaços semiprivados, enquanto a maioria das casas, com suas portas abertas, se transformam em espaços semipúblicos. A idéia da favela como uma grande casa coletiva é freqüente entre os moradores. As ruelas e becos são quase sempre extremamente estreitos e intrincados, o que aumenta a sensação labiríntica e provoca uma grande proximidade física.

A grande diferença entre o labirinto improvisado e espontâneo que é a favela e as cidades projetadas por arquitetos e urbanistas, principalmente aquelas planificadas *ex nihilo*, é uma inversão da prática projetual e de planejamento urbano: enquanto nas cidades ou nos espaços urbanos projetados as plantas existem em projeto antes mesmo da cidade real, nos espaços labirínticos, como as favelas, é o oposto que acontece, as plantas só são produzidas *a posteriori*, e são desenhadas a partir do espaço já existente (cartografias). A maior especificidade do espaço urbano da favela reside em seu tecido urbano labiríntico cheio de surpresas, que causa uma percepção espacial praticamente impossível de ser prevista, ou seja, de ser obtida através de um projeto urbanístico tradicional que elimina de forma automática o próprio mistério dos percursos.

Como a origem vegetal do termo favela *(Jatropha phyllacantha)* poderia indicar, as favelas são formações "orgânicas" que se constituem por ocupações "selvagens" de terrenos. A própria invasão de espaços vazios determina um ato de demarcação e de um conseqüente processo de territorialização. Os barracos aparecem no meio da cidade, entre seus bairros convencionais, exatamente como a erva que nasce no meio da rua, dos paralelepípedos ou mesmo do asfalto, criando enclaves, microterritórios dentro de territórios mais vastos. A invasão de um terreno por abrigos forma um novo território urbano, uma cidadela dentro da cidade, que normalmente tem suas próprias leis internas. As favelas se desenvolvem como a vegetação que cresce naturalmente nos terrenos baldios da cidade: os barracos aparecem discretamente pelas bordas e logo ocupam todo o espaço livre. Muitas vezes, como nas áreas inundáveis, elas avançam pelas águas, criando seu próprio chão.

Esse tipo de ocupação gera uma situação oposta ao que acontece nas cidades convencionais, pois nas favelas, na maioria dos casos, a periferia dos terrenos ocupados é mais valorizada e antiga do que o centro geográfico. As favelas são acêntricas, ou melhor, excêntricas. A periferia, a linha que separa a favela da cidade formal, passa a funcionar simbolicamente como um "centro", concentrando a maior parte do comércio e dos serviços. Além disso, as favelas transbordam dos terrenos que ocupam, sobretudo pelas relações diversas estabelecidas com a cidade formal, principalmente as trocas culturais e coletivas, mas também, de maneira mais sutil, pelas relações individuais. Grande parte dos moradores das favelas trabalha na cidade formal. A territorialização se faz então através de três níveis diferentes: a própria ocupação do terreno baldio, ou a própria construção destes no caso dos aterros; a situação geográfica desses terrenos dentro da cidade, e as relações dos moradores das favelas entre si, através de uma forte idéia de comunidade, e destes com os habitantes da cidade "formal".

As favelas seguem uma "lógica" complexa, pois estão constantemente em (trans)formação, nunca param de crescer (horizontalmente, com os "puxadinhos", e verticalmente, com as "lajes") e, sobretudo, não são tão fixas como as cidades tradicionais, sejam estas planejadas ou não. Além da complexidade espacial das favelas, deve-se também contar com a complexidade temporal. Existe uma diferença básica de enraizamento. A cidade projetada é fortemente enraizada, imagem da ordem; a cidade não projetada (ou parcialmente projetada)

funciona segundo um sistema menos simples e ordenado; já a favela é bem mais complexa, não parando de crescer. O sistema da favela é o oposto do da cidade projetada pela sua multiplicidade, acentricidade (ou excentricidade) e instabilidade (em movimento constante). A maior diferença entre a ocupação planejada da cidade formal e a ocupação selvagem das favelas diz respeito ao tipo de raiz, uma fixa e a outra aberta, a qual tem um enorme potencial de transformação. Todo planejamento territorial imposto é baseado na demarcação fixa, ou seja, no interrupção de movimentos preexistentes.

As favelas são espaços em movimento. A idéia de espaço em movimento não estaria mais ligada apenas ao próprio espaço físico mas sobretudo ao movimento do percurso, à experiência de percorrê-lo e, ao mesmo tempo, ao movimento do próprio espaço em transformação. O espaço em movimento é diretamente ligado a seus atores (sujeitos da ação), que são tanto aqueles que percorrem esses espaços no cotidiano quanto os que os constroem e os transformam sem cessar. No caso das favelas, os dois atores podem estar reunidos em um só, o morador, que também é, em grande parte dos casos, o construtor do próprio espaço. A própria idéia de um espaço em movimento impõe a noção de ação, ou melhor, de participação dos habitantes e usuários. Ao contrário dos espaços quase estáticos e fixos (planejados, projetados e acabados), no espaço em movimento o usuário passivo (espectador) se torna sempre ator (e/ou co-autor) e participante.

A favela é um espaço em constante movimento porque os moradores são os verdadeiros responsáveis por sua construção, ao contrário do morador da cidade formal, que muito raramente se sente envolvido na construção do seu espaço urbano e, em particular, dos espaços públicos de sua cidade. A participação comunitária ocorre de forma muito mais representativa nas favelas e áreas favelizadas em geral do que na cidade formal. Os técnicos, arquitetos e urbanistas responsáveis por projetos e intervenções em favelas, na maioria dos casos, em vez de tentar seguir os movimentos já iniciados pelos moradores, impõem sua própria lógica construtiva, diretamente ligada à cultura e à estética da cidade formal. Esses profissionais lutam exatamente contra tal movimento do espaço das favelas, com a finalidade de estabelecer uma pretensa "ordem".

O resultado, como acabamos de ver no caso da Maré, é uma rejeição por parte dos moradores dessa imposição formal, o que resulta em uma favelização ainda mais generalizada e radical, como no exemplo das alterações realizadas pelos próprios moradores nos conjuntos habitacionais.

Quando o passo vira dança

O espaço em movimento é, ao mesmo tempo, o espaço da ginga e a ginga do espaço. A ginga do espaço está diretamente relacionada à ginga corporal. Percorrer as ruelas e becos das favelas é uma experiência de percepção espacial singular, única; a partir das primeiras quebradas se descobre um ritmo de andar diferente, uma ginga sensual, que o próprio percurso impõe. A ginga seria a melhor representação da experiência de se percorrer os meandros de uma favela, desse espaço gingado, que é o oposto mesmo da experiência urbana modernista, sobretudo das ruas retas e monótonas das cidades formais projetadas racionalmente.

A ginga também tem sua origem diretamente ligada ao mar, ao movimento das marés. Nas palafitas da Maré, muitas vezes se saía de casa de barco. Os pescadores, antes uma grande parte da população, usavam mínimas embarcações de madeira, que chegavam a "estacionar" por baixo das habitações durante a fase de maré alta. Estas embarcações eram guiadas pelo uso das "gingas". Ginga é o termo originalmente utilizado tanto para o "remo que se usa à popa de embarcação para movimentá-la alternadamente por bombordo e por boreste" quanto para a "vara que, fincada ao fundo, movimenta uma embarcação em águas

rasas".[15] Por extensão, passou-se a chamar de ginga um certo balanço do corpo em movimento. Ginga também passou a estar relacionada ao samba, ao movimento de mexer os quadris, requebrar, rebolar; à capoeira, quando o capoeirista faz um movimento para enganar o adversário; e também ao futebol, principalmente nos movimentos de drible. Mas originalmente se remava com ginga. A ginga estava relacionada ao movimento das águas do mar, ao balanço das ondas, ao vai-e-vem das marés. Mareado é aquele que fica andando cambaleante por causa do movimento do mar; para se equilibrar em uma embarcação, também é preciso saber gingar.

A ginga do corpo acompanha a ginga do espaço da favela, e é através dos percursos cotidianos que podemos apreendê-la. Quando se ginga, a experiência física de percorrer os becos e ruelas das favelas é repetida; esse espaço confuso, labiríntico, difícil de ser apreendido, encontra, assim, sua melhor representação. O sujeito mareado se parece com aquele com labirintite, ou mesmo bêbado. A desenvoltura do andar dos favelados bêbados de cachaça que vão das biroscas para seus barracos é impressionante. Parece que o emaranhado das vielas segue o cambalear da sua embriaguez. Trata-se de uma cena freqüente, que demonstra bem a perda de orientação, de referência espacial ou desequilíbrio do bêbado e do próprio espaço. O espaço em movimento das favelas, o espaço mareado, é como um espaço da vertigem. O espaço gingado seria, então, o espaço ébrio: a embriaguez do espaço se reencontraria no emaranhado das favelas. Os eixos de orientação perdidos na ebriedade seriam também aí reencontrados. Quem está embriagado não se perde, pois o próprio espaço já estaria bêbado. A embriaguez é uma condição fisiológica, uma sensação. Isso implica um corpo que sente, um estado físico particular. Em lugar de simplesmente andar, é preciso saber gingar e, por fim, dançar. O espaço da vertigem seria, portanto, o espaço que é dançado: ou o acompanhamos, ou caímos no vazio. A relação entre o corpo, o espaço e o ato de percorrê-lo fica mais evidente.

---

[15] *Dicionário Houaiss da Língua Portuguesa*, Rio de Janeiro, Objetiva, 2001.

A ginga é o andar mareado que vira uma dança, que está diretamente ligada aos gestos cotidianos mais banais, como percorrer a pé os diferentes espaços em movimento. A favela não é o único espaço gingado que provoca a ginga do corpo. Na maior parte das vezes em que se fala de malandros e na sua ginga própria, eles percorrem espaços também gingados e, em alguns casos, antigos espaços históricos, coloniais e labirínticos, quase sempre em morros, como a Lapa, no Rio de Janeiro, ou o Pelourinho, em Salvador. A relação entre a ginga do espaço e do corpo, através de gestos cotidianos, também pode ser vista na capoeira ou no futebol. Várias rodas de capoeira de mestres importantes acontecem em terrenos completamente desnivelados, ou na areia das praias. Em favelas também é comum ver-se campos de peladas inclinados, o time de cima contra o de baixo, e às vezes se joga futebol nas lajes, em cima das habitações. Muitos de nossos grandes craques começaram a jogar assim: depois que passaram para o campo plano, o drible gingado ficou fácil, natural.

Percorrer no cotidiano os espaços mareados, gingados, implica o aprendizado indireto da ginga, e conseqüentemente, da dança. Um ritmo próprio surge dos percursos, uma nova temporalidade surge do próprio caminhar. A ginga e a dança parecem diluir os espaços, transformando o espaço em movimento, pois temporalizam o espaço. A arte do tempo, a música, e a arte do espaço, a arquitetura, se casam na dança, arte do movimento. O espaço gingado das favelas é, como já vimos, um espaço em movimento. Antes de ser forma, o espaço em movimento é um estado sensorial. Antes de ser espaço, é um caminho a ser percorrido. Em lugar de andar, é preciso também se aprender a dançar, e com muita ginga.

A comparação do espaço gingado da favela com o mito do labirinto é inevitável, tanto por este ser um rito de passagem – como a passagem da infância para a adolescência dos cidadãos-dançantes do Corpo de Dança da Maré –, quanto pela relação direta com a dança. Em muitas civilizações, o labirinto é o símbolo das difíceis provações pelas quais se deve passar para penetrar num novo mundo ou num novo estado de espírito. Muitas vezes este mito se acompanha da idéia de renascimento, resultado da passagem pelo labirinto, da idéia de que é preciso morrer para nascer de novo. Atravessar o

labirinto – travessia que muitas vezes é comparada à do deserto – será uma prova determinante para um novo começo. Para poder penetrar no labirinto, percorrê-lo, faz-se necessário saber, com os passos, seguir a música dos seus meandros, como Teseu.

Mas existe uma grande diferença entre a favela e o labirinto mítico grego projetado por Dédalo, o arquiteto: a favela não tem uma planta prévia, ela não foi desenhada, projetada. O labirinto-favela é muito mais complexo, pois não é fixo, acabado, está em constante transformação. A analogia com o mito pode ser levada ao extremo se pensarmos nas inevitáveis pipas sobre as favelas como homenagens a Ícaro (filho de Dédalo que morre ao fugir do labirinto voando). As pipas, segundo a lenda das favelas, faziam sinais aos traficantes (hoje eles uti-

lizam fogos e principalmente rádios), os quais são considerados Minotauros escondidos no labirinto-favela e são caçados pelos policiais, que se vêem como Teseu. Na favela-labirinto, o mito, como a própria favela, se refaz continuamente, jovens são sacrificados, como os atenienses, e os moradores-Ariadnes continuam tecendo, sem a ajuda dos arquitetos-Dédalos, essa grande construção coletiva não planificada. O mito do labirinto também está ligado à dança: Teseu, após matar o Minotauro, comemora sua vitória dançando uma coreografia que imitava, pelos movimentos do corpo, a sinuosidade do labirinto de Creta.

A complexidade do labirinto é temporal; quem se perde é aquele que acaba de surgir, que desaparece tão depressa quanto surgiu. É o aspecto desconhecido do futuro que cria a estranheza; e o estranho também é o estrangeiro, o que não se domina, o que se desconhece. Conhecer um labirinto, assim como conhecer uma favela, exige nele penetrar, nele se perder, para se descobrir as armadilhas do caminho. Em cada escolha, a dúvida: a rua pode ser um beco sem saída, ou a própria saída. Não se sabe quando é o bom caminho; na realidade, não há um bom caminho. A incerteza do caminho é intrínseca ao espaço labiríntico. O percurso é o próprio movimento do espaço. Para desatar a complexidade do percurso, é preciso uma ausência de objetivo. O estado labiríntico é o estado de quem vaga, um estado errático, em constante deriva. O percurso – ao contrário do que ocorre em um itinerário já planejado – impõe a disponibilidade para vagar. Vagando ao acaso, a dúvida desaparece. São os que duvidam os que mais se perdem.

O espaço em movimento é o próprio percurso, seus diferentes trajetos, a repetição diferente dos caminhos. O retornar diferente é da ordem do desconhecido, da surpresa. O mistério do percurso reside nesses caminhos que retornam sempre diferentes. É por isso que nenhum mapa definitivo desses espaços que estão sempre em movimento pode ser traçado. A experiência desses espaços se faz pelos passos, em tentativas diversas; sem marcos precisos, como cegos no espaço. É preciso avançar sempre tateando, passo a passo.

É quando o passo vira dança que o espaço em movimento pode ser apreendido. A compreensão desse tipo de espaço se faz através do corpo, através da ginga, uma vez que o próprio espaço é gingado. Esses espaços geralmente contrariam todas as normas e padrões usuais da arquitetura e do urbanismo tradi-

cionais. As proporções e técnicas das construções são quase o oposto do que se ensina nos manuais da boa arquitetura. Muitas vezes são esses "equívocos" criativos que geram a riqueza e a diversidade dos espaços. E mais: essas composições, que podem parecer completamente estapafúrdias ao olhar do técnico, são responsáveis tanto pela ginga do espaço quanto pela ginga corporal decorrente. Pode parecer absurdo, mas são os "erros", principalmente de dimensionamento, que exigem do corpo o aprendizado da ginga, ou seja, quanto mais difícil e cheio de obstáculos o caminho a ser percorrido, mais o corpo é exigido em movimentos diferentes, que a princípio não são habituais para aqueles acostumados aos espaços planos e retilíneos, sem surpresas.

A relação entre espaço e corpo fica bem mais evidente: o corpo é um volume no espaço e os movimentos corporais dependem diretamente da espacialidade. É a prática urbana dos espaços gingados, o ato de percorrê-los a pé, que estaria na origem da própria ginga do corpo. Subir e descer o morro, percorrer becos estreitos e tortuosos, descer ladeiras escorregadias, passar por pontes instáveis, subir escadas extremamente íngremes, esses são alguns percursos cotidianos da maioria dos moradores desses espaços. Sua prática cotidiana vai inevitavelmente se refletir na disponibilidade física, corporal, dessas pessoas. Como eles costumam dizer: "É uma questão de hábito, nem cansa mais".

A exigüidade dos espaços também provoca um maior contato corporal entre aqueles que os percorrem, um tipo de corpo-a-corpo, e às vezes é preciso desviar dos outros movimentando-se os quadris e ombros. O emaranhado dos caminhos também é freqüente, principalmente nos pequenos becos que cortam as vielas. A proximidade acarreta todo tipo de mistura e também possibilita trocas, numa intimidade compartilhada, ajudando no desenvolvimento de um verdadeiro espírito comunitário. A maior parte dos espaços internos também são exíguos – mesmo nos conjuntos habitacionais, onde os espaços públicos costumam ser mais amplos – e muitas vezes são peças únicas distribuídas em diferentes andares, construídos paulatinamente no processo de verticalização, com a construção de novas "lajes". As escadas que ligam esses espaços são tão íngremes e estreitas quanto as verdadeiras escadas de marinheiro. No caso da Maré, esse tipo de construção parece querer relembrar o tempo das palafitas.

Caminhando pela Maré, ainda se pode notar a presença do mar, por mais que ele já não esteja tão próximo. O movimento das marés permanece refletido, apesar dos aterros, nas configurações espaciais remanescentes. Os dançarinos da Maré, que percorrem diariamente esses caminhos, onde antes só havia o vai-e-vem das águas, carregam no próprio corpo a memória, as transformações e o próprio movimento desses espaços. A memória, tanto desses movimentos nos espaços quanto dos movimentos dos próprios espaços, se imprime na ginga do corpo e, conseqüentemente, na dança desses meninos e meninas da Maré. Na sua dança, são também todos esses espaços gingados da Maré que dançam juntos. Toda a rica história da construção coletiva e cotidiana das diferentes comunidades da Maré está gravada nesses corpos dançantes cheios de ginga. Juntos eles formam um corpo único, porém diverso, como a própria Maré.

Os dançarinos da Maré representam o constante balanço entre a diversidade e a especificidade de suas diferentes comunidades, que está presente em suas origens, construções e transformações. Esse balanço ritmado forma uma cultura própria, mesmo que diversificada: a cultura da Maré. Cultura que surge dos fluxos e refluxos da memória coletiva daqueles que moram ou moraram nas suas diferentes comunidades, mas principalmente daqueles que lutaram muito pela permanência destas, e muitas vezes as construíram com as próprias mãos.

A dança das Marés faz continuamente surgir e sumir no presente tanto o passado quanto o futuro, tanto a memória quanto a utopia. É como a ginga das águas: um movimento contínuo de levar e trazer sonhos, fazer e refazer histórias, velar e desvelar caminhos. Os dançarinos da Maré revelam novas perspectivas e possibilidades. Ao mesmo tempo, prestam uma bela homenagem às antigas palafitas e a todos os marinheiros das Marés: moradores da Maré carioca e de todas as outras Marés brasileiras.

FALAS DA MARÉ

Drauzio Varella

Na passagem da infância para a adolescência, morrem algumas coisas e nascem outras. Quero que vocês digam quais são elas e dêem exemplos de cada uma. Em seguida, passei um risco de giz vertical no quadro-negro, diante da platéia atenta formada pelos participantes do Corpo de Dança da Maré. Do lado esquerdo, escrevi: "o que morre"; e do direito: "o que nasce". Queria entender como aqueles meninos e meninas criados na periferia da cidade do Rio de Janeiro descreviam seus ritos de passagem para a vida adulta.

Depois de alguns instantes de silêncio embaraçoso, no canto da sala, uma menina de olhos grandes disse:

"Morre a inocência."

Assim começou o primeiro de uma série de encontros que tive com o Corpo de Dança da Maré. Conversei sobre o tema com todos reunidos, com os meninos e as moças em separado, e, individualmente, com vários deles. Em ronda com outros colegas envolvidos no projeto, andamos pelo complexo da Maré, de casa em casa, para conhecer o lugar em que cada um vive e os caminhos percorridos por eles nos trajetos diários. Estivemos no Morro do Timbau, Baixa do Sapateiro, Parque Maré, Vila do João, Vila do Pinheiro, Nova Holanda, Parque União, nos conjuntos residenciais Pinheiro, Salsa e

Merengue e Bento Ribeiro Dantas, popularmente conhecido como Fogo Cruzado.

À exceção dos labirínticos Morro do Timbau e Baixa do Sapateiro, com as casas altas enfileiradas em becos e vielas como numa cidade medieval, o complexo da Maré tem mais semelhanças com a periferia plana de São Paulo do que com as tradicionais favelas dos morros cariocas. As casas são construídas encostadas umas às outras em terrenos de pouca frente e alguns metros de fundo. Sem quintal nem tendo como expandir-se para os lados, fazem-no para o alto, em dois, três e até quatro andares, levantados um a um, à medida que a condição financeira permite ou o aumento da família impõe.

A construção inicial, que dá origem aos andares mais altos, é singela: dois cômodos, cozinha minúscula e o banheirinho. As fachadas são pintadas em cores desbotadas, revestidas de azulejos baratos ou deixadas com tijolos expostos, com as juntas rebocadas à espera do acabamento final. A esquadria de alumínio das janelas – universal na favela – delimita uma abertura tímida para ventilar e iluminar o ambiente interno, que, por isso, não pode prescindir do ventilador e da lâmpada acesa o dia inteiro. No teto, a laje de concreto, onipresente, firme, armada para resistir ao peso dos cômodos que estão por vir.

A laje

Quem pensa em ir às favelas ou à periferia das cidades brasileiras atrás daquelas casinhas tradicionais com te- lhado de duas águas e calhas metálicas para escoar a chuva, fica decepcionado. Até onde a vista alcança, só vai encontrar lajes na cobertura. A laje é uma instituição nas casas pobres das cidades brasileiras.

Nos finais de semana, espalhados por toda parte, do Timbau à Nova Holanda, do Salsa e Merengue ao Parque União, como formigas obreiras sob o sol quente, homens com as costas brilhantes de suor misturam areia com cimento e carregam pilhas de tijolos em carrinhos de mão. Em cima da laje, armam um cavalete rústico ao qual fixam uma roldana para descer a corda com o balde e subir o material para os pedreiros no andar de cima. Puxam a corda, descarregam e descem o balde num moto contínuo. Trabalho duro, de manhã até o cair a noite, com meia hora para o almoço, se tanto, porque o fim de semana é curto, e só contam com ele para o serviço em benefício próprio.

Num lugar da cidade em que a renda média é de dois a três salários mínimos por mês, quem pode contratar pedreiros profissionais? Eles mesmos reúnem dois ou três amigos – que mais tarde serão ajudados por eles em suas construções – e metem as mãos na massa: assentam azulejos, passam fiação elétrica, fazem o encanamento e a laje de concreto moldado.

Todos colaboram. Os que têm experiência profissional firmam os alicerces e colocam as paredes a prumo, os outros carregam material. Com o capricho de quem constrói o lar que abrigará a família, superam as dificuldades do amadorismo, do terreno acidentado e da precariedade das ferramentas disponíveis. É raro encontrar uma casa torta, desalinhada em relação às vizinhas, uma janela desconjuntada ou uma porta que pega no chão ao abrir.

Depois que as paredes dos quartos do andar de cima subiram, chega a vez de "bater a laje", armá-la sobre uma estrutura de paus e tábuas para sustentá-la enquanto o concreto não seca. É o final da obra! Momento que exige comemoração.

"É a hora de o dono da casa demonstrar felicidade pelo progresso financeiro da família e retribuir a gentileza dos demais que ajudaram, sob a forma de uma feijoada geral ou um churrasco daqueles de esfumaçar o beco."

As feijoadas costumam ser aos domingos, e o vai-e-vem começa cedo. Perto da hora do almoço as mulheres retiram os pertences que dormiram nas bacias com água para perder o sal e colocam o feijão-preto num panelão. Como é impossível fazer comida para tanta gente num lugar só, com os fogões pequenos, de quatro bocas, que cada um tem em casa, a vizinhança participa: uma prepara a couve na manteiga, outra frita os torresmos enquanto a filha enxuga no papel higiênico os que já ficaram prontos, para deixá-los bem sequinhos, característica que deixará a mãe orgulhosa mais tarde ao receber os elogios das amigas. A farofa deixam para o derradeiro momento:

"Servir farofa adormecida é coisa de mulher desmazelada."

Mesas e cadeiras são trazidas para acomodar os convidados do lado de fora. As mulheres entram e saem das casas com panelas fumegantes, pilhas de pratos e travessas cobertas com pano xadrez. Os homens chegam de bermuda e chinelo Rider com engradados de cerveja, sacos de gelo e as garrafas de pinga para a caipirinha. Há sempre um especialista na preparação deste quesito indispensável em qualquer feijoada; só ele sabe até que ponto espremer os limões para não ficarem amargos e qual a proporção ideal de açúcar, cachaça e gelo para tentar agradar a todos. Tarefa antes de tudo inglória, porque, independentemente da qualidade da caipirinha obtida, botarão defeito, dirão que está muito aguada ou forte demais, e os mais ortodoxos se recusarão sequer a experimentá-la:

"Não sujo a cachaça que bebo."

Um adolescente coloca duas caixas de som na janela e o pagode ecoa pelo beco. Os homens enchem seus copos plásticos com a cerveja imersa na bacia com gelo, a criançada brinca entre as mesas e uma moça magra, de camiseta, com centenas de trancinhas armadas no cabelo, serve as canecas com caldo de feijão, torresminho e uma pitada de cheiro-verde picado em cima.

Quando a feijoada vem para a mesa, o falatório está a mil; chega a abafar o som que vem da janela. É de bom-tom servir-se com moderação. Ninguém corre para encher o prato nem passa à frente dos outros; os que desejam repetir esperam a vez dos que ainda não foram servidos.

Quando a família tem posses para arcar com as despesas da construção, a nova laje permite redimensionar o espaço interno. O quarto sobe para o andar

de cima e se transforma em dois ou três; já cabem um armário e uma mesa maior na cozinha, sofá e duas poltronas na frente da TV. Tudo comprado a longo prazo e juros altos, com as prestações pagas em dia:

"Porque gente pobre sem crédito não tem futuro!"

Mais tarde, uma nova laje dará origem ao terceiro andar. A casa contará, então, com quatro ou cinco dormitórios, o suficiente para abrigar o casal e os filhos com um conforto em termos de espaço que muitas famílias da zona sul não têm. Outras vezes, os pais "batem" uma nova laje para abrigar cada filho que casa. Morarem os pais no térreo e os filhos casados nas lajes é comum na favela.

Essa não é a realidade de muitos, entretanto. A maioria das pessoas que mora nesses sobrados se restringe a viver num dos andares, ou até numa fração do andar, tanto menor quanto mais carente for a família.

A especulação imobiliária é intensa na Maré. Há proprietários de terreno que preparam os alicerces para suportar três ou quatro andares, constroem o térreo e o colocam à venda imediatamente. Com o dinheiro arrecadado, levantam os andares superiores para morar com a família ou alugar para terceiros. Outros vendem os andares superiores antes mesmo de construir o térreo.

"Vendem o espaço sideral!"

Além de secar roupa nos dias de sol, servir para as crianças – e muitos marmanjos barbados – empinarem pipa longe dos fios dos postes, as lajes são o lugar ideal para comemorações de aniversário, churrascadas e para manter o bronzeado sem pegar ônibus para ir à praia.

Por isso, os adolescentes da Maré respondem quando lhes perguntam onde pegaram essa cor:

"Na Barra Laje."

O cipoal

As casas, geminadas, parede com parede, sem deixar vão livre entre elas, exigem dos moradores discrição ao discutir problemas domésticos. Impossível ficar entre quatro paredes desentendimentos entre marido e mulher, xingamentos, delírios de ciúmes, o som dos arroubos sexuais, do choro das mães que perderam filhos na guerra do tráfico, das mulheres abandonadas e das que apanham dos bêbados que escolheram para companheiros.

As histórias escutadas com o ouvido grudado na parede alimentam a imaginação infantil e servem de munição pesada para as fofoqueiras que infestam os quatro cantos da Maré, preocupadíssimas com o destino alheio, loucas para encontrar a primeira que se digne a parar diante delas:

"Fulana, imagina o que eu fiquei sabendo sem querer?"

Na ausência de regulamentação, o aproveitamento máximo do terreno é princípio urbanístico universal da Maré. O resultado é uma sucessão de sobradinhos, alimentados por uma rede infernal de fios mal esticados nos postes de rua, num emaranhado impossível de desembaraçar. Até que a fiação elétrica nem tanto, mas imaginar como fazem os operários da companhia telefônica para identificar, naquele cipoal, o fio que conduz os impulsos de determinada habitação, está além do entendimento humano.

Excetuando-se alguns locais e os vestígios deixados pelos cachorros soltos, as ruas, as vielas e os becos da Maré são limpos. O interior das casas também. Como maridos e mulheres saem cedo e voltam tarde do trabalho, os cuidados rotineiros do lar ficam por conta das crianças mais velhas. Os maiores esquentam a comida que a mãe deixou pronta antes de ir trabalhar, trocam fraldas e dão de comer aos pequenos. Com medo da guerra, muitos pais que passam o dia no serviço recomendam às filhas e aos filhos pequenos que tranquem a casa na volta da escola e proíbem-nos de sair à rua.

Aos domingos, a faxina doméstica começa cedo. Os tapetinhos vão para a janela, colchas e lençóis para o varal armado na laje e a água corre solta no piso de cerâmica. Os sons das vassouras e do bater de rodos se misturam com as músicas e o tom de alegria forçada dos locutores das rádios FM, que se

esgoelam na disputa de audiência. Hinos protestantes, pagodes românticos e funk formam uma salada musical que confunde os ouvidos do transeunte.

O movimento de pessoas é intenso em certas áreas da favela. Nas ruas mais largas da Nova Holanda, em meio ao tráfego intenso de pessoas e crianças que jogam bola na rua, circulam com extremo cuidado caminhões de entrega, carros de passeio, lotações que anunciam "Bomsucesso - Praça das Nações", e carros que fazem propaganda de produtos estranhos:

"Banha de peixe elétrico! Atenção, freguesia, a banha do peixe elétrico é boa para a coluna, reumatismo, dor nas juntas e para a beleza da pele."

Logo cedo, os moradores penduram gaiolas do lado de fora e os passarinhos cantam para alegrar as ruas. São muitos:

"Gente pobre é amante de passarinho. O canto deles traz lembrança da natureza que não existe aqui."

Além do grande número, a variedade de espécies é impressionante: canários-do-reino, da terra, belgas, roller vermelhos, campainhas brancos, coleirinhas, cardeais, sabiás, bicos-de-lacre, pintassilgos, azulões, passo-pretos, galos-da-campina coloridos, periquitos australianos em algazarra, papagaios tagarelas e uma concentração grande de curiós cantores que enchem seus donos de orgulho.

A maioria das casas tem vasos com violetas, espadas-de-são-jorge, azaléias, samambaias e folhagens variadas, para compensar a falta de verde nas ruas. Sem árvores, a pintura das casas, os tijolos expostos e o cinza do reboque é que dão o colorido das ruas. Se elas fossem pintadas de cores mais vivas, a paisagem seria outra, e os becos do Morro do Timbau – considerado por seus moradores como a "zona sul da Maré" – ficaria com cara de cidade italiana da Idade Média.

A poluição sonora é aparentemente livre, cada um ouve o que quer no volume que bem entender. Os moradores aceitam estoicamente – ou são obrigados a fazê-lo – a música no salão do bar ao lado, às sextas e sábados, até o dia clarear, num volume tão alto que parece tocar dentro dos quartos da vizinhança. Ao redor dos locais em que acontecem os bailes funk, a mesma coisa, difícil alguém dormir.

As dificuldades financeiras e a proximidade dos vizinhos, por outro lado, criam uma forma de vinculação solidária que há muito desapareceu dos grandes centros. Uma família olha os filhos da outra enquanto os pais não chegam, empresta um bujão de gás quando acaba o da vizinha, ajuda a carregar os móveis em dia de

mudança e empresta o canário para cruzar com o da casa em frente, em troco de um filhote se o acasalamento tiver sucesso.

Apesar dos problemas que todos enfrentam, de algum lugar aparece ajuda em momentos de desemprego ou falta de saúde. As próprias peruas que fazem lotação para a cidade se revezam em rodízio nos finais de semana à disposição para atender a população gratuitamente em caso de emergência. Em qualquer cir-cunstância, não falta condução para transportar a mulher em trabalho de parto, a criança com a perna quebrada ou a pessoa de idade que teve um mal-estar súbito.

A solidariedade se faz sentir justamente nos momentos mais necessários:

"Aqui não falta uma boa alma para fazer companhia numa fila de hospital."

As mulheres

Na solidariedade ao sofrimento alheio e no controle da unidade familiar, as mulheres são imbatíveis. Quase todas trabalham fora, em bairros distantes duas ou três conduções, em empregos humildes, mal remunerados, que lhes consome o dia inteiro e parte da noite. Ainda assim, encontram energia para acordar de madrugada, ir para o fogão preparar as refeições do dia, servir o café, acordar e vestir as crianças para deixá-las na escola antes de tomar o primeiro ônibus.

Na volta, terminam o jantar, ajudam os filhos nos deveres escolares, dão banho, levam todas para a cama, e só depois das dez da noite podem pensar um pouco em si mesmas, mas já com o despertador ajustado para as quatro da manhã. Quando são casadas com homens responsáveis, de caráter, cooperativos, que dividem as tarefas cotidianas, fica mais fácil; caso contrário, fazem tudo sozinhas e ainda se sentem obrigadas a cuidar do companheiro que não pára em emprego, bebe demais, fuma maconha o dia inteiro ou se envolve com os bandidos.

Com tantos afazeres e medo de sair às ruas, muitas dessas mulheres vivem do trabalho para casa; só saem para ir à igreja, visitar um parente enfermo ou reunir-se com os familiares em datas festivas. Organização doméstica, educação dos filhos, controle das despesas, conselhos e carinho são tarefas femininas. Quando preciso, defendem a integridade do lar como feras:

"Aqui, mulher quando briga é por causa de homem cobiçado ou de filho maltratado."

Nessas ocasiões, duas mulheres raramente chegam às vias de fato; limitam-se aos impropérios e aos piores desaforos possíveis à rival, diante da curiosidade das crianças que espreitam silenciosas. Eventualmente, outras mulheres podem se envolver e tomar partido das contendoras, aumentando as dimensões do conflito, mas a regra geral é oposta a essa:

"Sempre aparece uma vizinha mais ajuizada para pôr pano quente."

Para evitar conseqüências imprevisíveis, os homens, entretanto, jamais se intrometem:

"Em briga de mulher, homem que é homem não mete a colher."

Por força de separação, viuvez ou gravidez indesejada, é grande o número de mulheres chefes de família. Criam os filhos com a maior dificuldade, e, quando poderiam desfrutar a tranqüilidade de vê-los crescidos, são obrigadas a assumir a responsabilidade da criação dos netos trazidos ao mundo pelas filhas adolescentes.

Como nas demais comunidades pobres do Brasil, não são poucos os bebês assim concebidos na Maré (das 90.213 crianças nascidas em 2001 na cidade do Rio de Janeiro, 19,3% são filhas de mães que têm entre dez e 19 anos). O impacto econômico de mais uma criança para alimentar, vestir e educar, na vida dessas avós prematuras que a muito custo conseguiam equilibrar o orçamento mensal, é devastador.

Por outro lado, os afazeres com o recém-nascido interrompem os estudos e encurtam os horizontes profissionais da jovem mãe, agravando ainda mais o futuro econômico da família. Algumas dessas meninas que chegam à maternidade quando ainda brincam de bonecas, incapazes de dar o salto abrupto para a maturidade, negligenciam os cuidados com o filho. Crianças rejeitadas dessa forma mais tarde estarão em risco de desenvolver auto-estima rebaixada e comportamento social agressivo.

A maioria dessas adolescentes que dão à luz, no entanto, pressionadas pelas necessidades sem fim das crianças, queimam etapas do desenvolvimento pessoal e experimentam amadurecimento precoce, sem chegar a viver fases fundamentais da adolescência, com conseqüências futuras imprevisíveis para o equilíbrio psicológico.

Em voz baixa

Em maior ou menor grau, o medo permeia todas as comunidades da Maré. Não o medo de ser assaltado na esquina ou de ter a casa invadida por ladrões, como o que assusta os moradores dos bairros de classe média; na grande favela, são muito raros os crimes desse tipo. Lá, o que apavora homens, mulheres e crianças é a guerra permanente entre as quadrilhas de jovens envolvidos no comércio de drogas ilícitas: o Tráfico, como a instituição é conhecida por todos; nome pronunciado em tom de voz mais baixo, nas conversas de rua:

"Isso aqui seria o paraíso da paz se não fosse o Tráfico."

Talvez haja benevolência nessa visão do senhor de chapéu nordestino de aba curta sentado à porta da vendinha, ao lado de uma barraca com peças de carne expostas e meio leitão pendurado num gancho: sem os traficantes por perto, quem proibiria os assaltos? Quem executaria sumariamente os que ousassem desobedecer a ordem de não roubar no bairro?

De um lado, grande número de usuários com o cérebro doentiamente dependente de cocaína dispostos a tudo para consegui-la; do outro, comerciantes ávidos para expandir seus negócios; entre os dois grupos, a polícia mal paga. Como em outras favelas, no complexo da Maré estão reunidos esses ingredientes clássicos que servem de sustentação ao comércio de drogas ilícitas. Sociedade omissa, consumidores cativos, traficantes gananciosos, policiais que oscilam entre o heroísmo combativo e a corrupção passiva tornaram o tráfico nas áreas pobres das cidades grandes um problema insolúvel.

O volume de recursos financeiros mobilizado pelo tráfico de drogas na Maré é provavelmente maior do que a soma de todas as atividades comerciais e industriais da região. A polícia carioca estima que sejam comercializadas duas toneladas de cocaína por mês na cidade do Rio de Janeiro. Desse total, 35% (setecentos quilos) são vendidos apenas nas favelas da Rocinha e da Maré, as campeãs de vendas.

A ilegalidade e a possibilidade de lucros colossais fizeram do tráfico de drogas a expressão máxima do capitalismo selvagem. Os pontos de venda são disputados à bala, morro por morro, viela por viela, beco por beco. O traçado urbano das favelas é um aliado natural, oferece aos exércitos de traficantes possibilidade de defesa semelhante à dos labirintos de casebres dos jagunços no arraial de Canudos, inexpugnável aos ataques das tropas federais.

A influência dos traficantes se faz sentir até no traçado urbanístico das áreas novas da favela:

"O pessoal do Movimento não deixa construir um conjunto novo só com ruas retas, largas, onde passa automóvel, que não tenha becos e vielas para fugir em caso de ataque."

A necessidade de proteger os pontos de venda das ambições expansionistas dos concorrentes forçou os traficantes a investir na formação de uma guarda pretoriana e em armamentos pesados:

"No mundo do crime, arma é poder!"

Ou como dizem também:

"Contra a força não existe argumento!"

Os moradores contam que os chefões de vinte anos atrás não admitiam menores de idade em suas tropas. As leis que enquadraram o tráfico de drogas na categoria dos crimes hediondos, portanto sujeito a penas mais pesadas, paradoxalmente, encareceram a mão-de-obra adulta e abriram espaço para a contratação de menores, empregados mais baratos e destemidos para defender os interesses de seus patrões. Num lugar cheio de crianças como a Maré, mão-de-obra infantil é o que não falta.

É fácil vê-los à noite, e mesmo à luz do dia, meninos imberbes ainda, em grupos, carregando metralhadoras desproporcionais ao tamanho do corpo ou rodando pistolas automáticas modernas no dedo, como faziam os caubóis nos filmes de faroeste.

Como diz dona Amélia, mãe de três filhas e cinco netos adolescentes, que acende vela e reza todas as noites para Nossa Senhora da Aparecida protegê-los da tentação do tráfico:

"A garotada prefere ganhar 160 reais por semana no Tráfico a ganhar isso por mês num trabalho decente. Judiação, tão pequenos, nessa vida!"

Além das perspectivas financeiras, os menores são atraídos pelo poder que os traficantes exercem sobre a população. Se mandam o comércio cerrar as portas

em demonstração de luto pela morte de um deles, se decretam toque de recolher à noite ou decidem interromper as aulas naquele dia, ninguém ousa contrariá-los:

"A gente nem imagina o que aconteceria se alguém desobedecesse, porque isso nunca aconteceu."

Para meninos de escolaridade baixa e sem perspectiva de uma vida melhor, o Tráfico garante respeitabilidade, proteção do grupo e acesso a bens de consumo. A vida dos chefes, com suas motos, mulheres à vontade, roupas de grife e armas importadas, desperta a curiosidade e a admiração dos adolescentes. Um dos meninos do nosso grupo perguntou para uma menina sobre o baile funk da véspera:

"Viu o cordão no pescoço do Fulano no baile ontem?"

"Lindo, com aquele tigre de olho brilhante pendurado no peito. Quanto custou?"

"Dezessete mil."

"Nossa, que caro!"

"É grosso, ouro puro, com um brilhante em cada olho do tigre. Um dia vou ter um cordão desses para aparecer no baile. Só que o meu vai ter uma coruja pendurada, e custa mais barato: dois mil."

Ao contrário da Rocinha e de outros morros, em que os traficantes evitam confrontos violentos, na Maré atuam duas facções de inimigos mortais que trocam tiros quase diariamente. Os territórios de cada uma delas é bem delimitado: um lado está sob jurisdição do Terceiro Comando. O outro obedece às ordens do Comando Vermelho.

Na fronteira, que separa as áreas dominadas pelas duas facções, de um lado as paredes estão pichadas com as iniciais CV, do outro, TC, para deixar claro os limites que os moradores devem respeitar. Quando morre um membro de uma das facções, as portas do comércio são fechadas de um lado só; em frente, as lojas funcionam normalmente. No dia da vingança, a situação se inverte.

A desconfiança mútua é extrema, habitantes dos locais controlados por uma das facções são considerados espiões em potencial nos domínios da outra. A suspeição força trabalhadores e estudantes a percorrer longos itinerários para desviar do território inimigo, por precaução justificada.

As batalhas travadas quase todos os dias enchem de cicatrizes as paredes, janelas e postes em ruas, próximas à fronteira. Nessas áreas de alto risco, muitas casas foram obrigadas a lacrar com tijolos as janelas da fachada para proteger os

moradores das balas perdidas. Vários armazéns abandonados com portas esburacadas por tiros de diversos calibres são testemunhas da razão que afugentou seus proprietários.

No tempo em que só os mais velhos chegavam às posições de mando, havia mais diálogo entre os grupos e tendência a solucionar conflitos através da negociação. A morte e a prisão da geração mais velha resultaram na redução da faixa etária dos soldados do Tráfico, e colaboraram decisivamente para o aumento da violência.

Seu Mário, de cabeça branca, que passou a infância atrás de caranguejos nos mangues do tempo em que os habitantes da Maré viviam sobre palafitas, é testemunha ocular da evolução da violência na comunidade:

"Naquele tempo, isso aqui era um sossego. O máximo que acontecia era dois malandros brigarem por causa de mulher. Depois veio a maconha e tudo continuou mais ou menos na mesma. A desgraça foi a chegada da cocaína, droga do diabo, que onde chega só traz ilusão, cobiça, escravidão e guerra."

A possibilidade de irromper um tiroteio a qualquer momento espalha o medo de casa em casa. Ninguém fica imune à realidade das ruas:

"Se o clima está tenso entre os traficantes, minha mãe proíbe de pôr os pés para fora de casa e obriga a gente a passar abaixado na frente da janela da sala. Se à noite começa o tiroteio, ela tira a gente da cama e faz deitar num tapetinho encostado à parede."

A sombra do Tráfico paira, onipresente, sobre a comunidade. A ameaça não é teórica, simples fruto da imaginação coletiva: é viva, está à mostra nos grupos que se reúnem na viela, nos meninos que guarnecem seus postos com fuzis, ostensivamente, sem demonstrar preocupação com os transeuntes. Está presente nas rondas dos carros de polícia que passam com as portas abertas e os PMs debruçados para fora delas, exibindo armas pesadas, prontas para atirar.

Seu Malaquias

Seu Malaquias veio da Paraíba com 15 anos, para morar com uma tia no morro da Mangueira. Aos 19 casou com dona Rosirene e veio parar numa casinha térrea alugada num beco do Timbau. O imóvel não estava em bom estado, mas o aluguel era barato. Homem trabalhador casado com uma mulher prestimosa, na medida de suas possibilidades começou a consertar encanamento, goteiras e a melhorar a parte elétrica.

Ao vê-lo derrubar uma parede para reconstruí-la, num domingo, o vizinho ao lado não resistiu:

"Conterrâneo, desculpas pela interferência, não gosto que se metam na minha vida nem eu na alheia, mas você está fazendo melhorias numa propriedade que não é sua, em nome do quê? Aqui ninguém tem contrato de aluguel, com a reforma o proprietário vai querer aumento ou te põe na rua."

Seu Malaquias não era de prosa com vizinho, mas o bom senso do outro convenceu-o a interromper a reforma. Da conversa que se seguiu, resultou a decisão de fazer ao proprietário uma proposta de compra do imóvel, que acabou aceita.

"Fiquei feliz por realizar um sonho desde os tempos da Paraíba, mas muito mais por causa da dona Rosirene. Ela ficou nas nuvens, levantava da cama no meio da noite e ficava parada no meio do quarto imaginando a reforma que íamos fazer."

Durante dois anos o casal trabalhou o máximo que pode, ele no Ceasa, ela como faxineira em Copacabana, e economizou tudo o que foi possível, até saldar a última prestação devida. Um ano depois, tiveram a filha única. Quando a menina nasceu, encontrou uma casa bem melhor, com dois quartos novos no andar de cima, sala e cozinha no de baixo, reboque, pintura nas paredes internas e cerâmica vermelha caprichadamente assentada no chão.

Com o nascimento da filha, dona Rosirene foi obrigada a reduzir suas atividades profissionais na zona sul. O marido redobrou, então, seus esforços; saía do Ceasa às dez da noite, dormia três ou quatro horas e voltava para o serviço distante, ainda no escuro.

"Vivia com sono, cochilava até em pé no ônibus, que no serviço não tinha condições de estar dormindo, mas consegui segurar a barra da família, sem deixar faltar nada."

Uma noite ao voltar, quando entrou no beco, seu Malaquias estranhou a luz de fora de casa acesa e a de dentro apagada, o contrário do usual. Olhou ao redor e não viu nada, apenas ouviu algumas vozes que pareciam vir da rua de trás, que ficava num plano do terreno mais alto do que o seu.

Entrou com cautela e encontrou a mulher assustada no sofá da sala escura. Acendeu a luz. Ela mandou que ele a apagasse depressa. Há mais de duas horas um grupo de rapazes havia se entrincheirado em cima da laje. Deviam estar em guerra com alguém, porque de vez em quando disparavam tiros que ecoavam pela casa.

Seu Malaquias reuniu a mulher e a filha no andar térreo, deitados no chão, atrás de uma parede baixa que separava a cozinha da sala. O casal passou a noite acordado, preocupado em acalmar a filha quando ela acordava assustada com o matraquear das metralhadoras.

Quando deu quatro e meia da manhã, horário de sair para o trabalho, seu Malaquias não teve coragem de deixar a família naquela situação:

"Pela primeira vez faltei com a obrigação, em vinte anos de empregado."

As armas silenciaram quando o dia amanheceu. Depois de certificar-se de que estava tudo calmo, ele acomodou a esposa e a menina na cama, saiu para o beco e tentou ver o que havia se passado na laje. Lá em cima apareceu um menino que podia ter 16 anos no máximo e apontou um fuzil na direção dele:

"Tá olhando o quê, tiozinho? Volta para dentro."

"Queria saber o que está acontecendo, minha esposa e minha filha ficaram assustadas."

"Aconteceu alguma coisa com elas? Sumiu algum alfinete da sua casa? Não, né? Se sumir, fala com a gente, que nós chegamos para ficar!"

Como o terreno era inclinado, e a rua de cima dava acesso fácil à laje de seu Malaquias, do alto dela os traficantes tinham visão estratégica do território inimigo, embaixo, e podiam se posicionar fora da linha de tiro deles. Instalaram-se ali, armados, e transformaram o espaço numa boca-de-fumo que funcionava dia e noite. Ali preparavam papelotes de cocaína, pesavam maconha e atendiam os compradores a qualquer hora. Nos momentos de descontração, faziam churrasco e davam festas de aniversário que se prolongavam pela madrugada. Exausto das noites mal dormidas, com medo de uma tragédia no meio dos tiroteios constantes, seu Malaquias fez de tudo para vender a casa. Esperança inútil; os interessados viravam as costas no instante em que percebiam os bandidos na laje. O que fazer? Abandonar tudo e levar a família para onde?

"O pior nessas horas, doutor, é o que passa pela cabeça do ser humano. Além do medo de uma bala perdida, o senhor pensa: e se a polícia chegar? Os bandidos vão achar que fui eu que chamei e vão querer matar minha família. E se a polícia pensar que eu estou dando proteção para vagabundo e me prender como traficante? Eu, pobre, sem advogado?"

Os traficantes passaram um ano lá. Um dia, sem avisar, sumiram do local. O inferno da família chegava ao fim. Assim que se convenceu da saída do bando, seu Malaquias não vacilou:

"Comecei imediatamente a construir mais um andar na casa. Agora a laje está bem alta, não dá mais acesso pela rua de cima."

Rito de passagem

Até aquela primeira reunião com as crianças do Corpo de Dança, meu conhecimento da Maré se limitava à visão da favela a partir da Linha Vermelha, caminho obrigatório do aeroporto do Galeão para a cidade. Do táxi, via o CIEP, um conjunto habitacional de tijolos aparentes e o emaranhado dos fios elétricos das ruas com casinhas coladas umas às outras, que afunilavam a perder de vista. No alto, o Morro do Timbau.

E se eu tivesse nascido ali? Como seria criar filhos num lugar daqueles? E voltar para a casa à noite, então? Por outro lado, o movimento das pessoas nas ruas ao longe e as pipas dos garotos no céu, altaneiras, em circunvoluções

coloridas, davam idéia de que ali a vida pulsava forte. As favelas despertam um misto de curiosidade e estranheza incômoda no observador ocasional.

No primeiro encontro, cheguei com a impressão de que os meninos e meninas sentados diante de mim, numa sala de aula do CEASM, deveriam ter suas vidas marcadas pelos maus-tratos infringidos a elas por familiares de baixa escolaridade e pelos marginais que infestam as comunidades pobres. O risco que passei no quadro-negro, para separar o que morre daquilo que nasce na passagem da infância para adolescência, foi uma precaução toma-

da intuitivamente naquele momento com a intenção de ouvi-los antes que a discussão fosse contaminda por idéias preconcebidas que eu pudesse atribuir a eles.

Morre a inocência, disse a menina de olhos grandes. Seguiu-se um breve silêncio, quebrado imediatamente por um alvoroço de vozes irrompidas a um só tempo, que deu trabalho para controlar. Anotei, então, item por item, o que os adolescentes consideravam morrer e nascer na passagem para a vida adulta. Fiz de tudo para não interferir nas escolhas, apenas tentei manter a ordem durante as discussões – o que nem sempre foi fácil – e insisti que não estava interessado em teorias elaboradas a respeito das transformações sofridas nessa fase, dava preferência aos fatos; aos acontecimentos que servissem de exemplos vivos, característicos do universo individual.

O QUE MORRE
a inocência

"Fui com a minha tia à feira, e tanto insisti que ela me comprou um pintinho. Em casa, minha mãe não gostou nem um pouco, queria que eu voltasse para devolver o bichinho. Explicou que ele era muito pequeno e incapaz de viver sem a mãe. Não me conformei, saí como se fosse levar de volta, mas guardei ele escondido numa caixa de sapato embaixo da minha cama."

Como a mãe era diarista, saía cedo e só voltava à noite quando o pintinho já estava dormindo. A menina conseguiu mantê-lo no anonimato por algum tempo. Durante o dia, cercava-o de todos os cuidados, alimentava-o com migalhas de pão, arroz cozido e quirera de milho comprada com as moedas do cofrinho, e lhe ensinava todas as tarefas importantes para a sobrevivência. Quando o pintinho já era capaz de se movimentar pela casa toda e encontrar a comida por conta própria, ela lembrou que o bichinho não era capaz de nadar. Como poderia sobreviver a um dia de chuva forte sem a dona por perto? A água coletada no vaso sanitário pareceu-lhe a piscina adequada para o aprendizado. Depois de vê-lo submergir diversas vezes, incapaz de bater pernas e asas para se manter na superfície conforme ela ensinava, decidiu interromper a aula. Não houve oportunidade para a segunda lição:

"O pintinho ficou jururu, e morreu no dia seguinte. Quando minha mãe chegou de noite, me encontrou com os olhos inchados de tanto chorar."

O fogo começou de repente na casa ao lado e se espalhou para as outras casas:

"Meu pai acordou, pegou eu e minha irmã no colo e levou a gente para a rua, junto com minha mãe e a vovó, que morava em casa."

Os vizinhos jogavam baldes de água sobre o fogo alto. Do lado de fora, a família olhava as chamas assustada, com medo de que o incêndio destruísse tudo o que tinham e se espalhasse pela favela. As labaredas subiam pelas paredes laterais da casa quando a menina se lembrou das duas bonecas, esquecidas na fuga. Sorrateira, aproveitando a desatenção dos adultos, entrou na casa para resgatá-las:

"Quase não enxergava por causa da fumaça nos olhos, mas fui tateando até encontrar as duas. Estão comigo até hoje, bem velhinhas. Não me separo delas de jeito nenhum."

"Meu irmão de seis anos fazia todas as minhas vontades. Um dia, resolvi montar cavalinho, mas fiz questão de passar uma cordinha na boca dele para imitar os cavalos de verdade."

Na cavalgada, puxou tantas vezes o bridão para fazer o cavalo empinar que finalmente arrancou dois dentes de leite do irmão mais velho.

"Num Domingo de Páscoa, meu pai me levou ao zoológico. Fiquei feliz, porque ele trabalhava muito e nunca achava folga para passear comigo."

Na visita, a menina ficou encantada com um veadinho filhote ao lado da mãe numa jaula fechada, e, num instante em que o pai se distraiu, enfiou a cabeça entre as grades para acariciar a cabeça do filhote. Quando o pai percebeu e quis puxá-la para fora, foi impossível. Outras pessoas tentaram ajudar, mas também não conseguiram, a cabeça estava presa entre as grades. Tiveram de chamar os bombeiros para serrá-las:

"No começo chorei bastante, achei que ia ficar presa para sempre, nunca mais ia voltar para casa. O que me acalmou foi o olhar do veadinho, fundo nos meus olhos. Parece que queria me consolar, dizer: não chora, bobinha."

as velhas amizades

"Aline, minha melhor amiga, estudava comigo desde a primeira série. Fazíamos tudo juntas, brincávamos à tarde, dormíamos uma na casa da outra, sentávamos lado a lado na escola, e minha mãe era amiga da mãe dela. Um dia, minha mãe disse que a mãe da minha amiga andava muito esquisita, tinha virado evangélica e só falava em Jesus."

A devoção à igreja esfriou a amizade das mães, mas não interferiu na das meninas na escola. Quando as duas foram aprovadas para a sétima série, a família evangélica mudou de casa e Aline foi para um colégio protestante. Sem telefone em casa para matar as saudades, a separação foi dolorosa:

"Pensava nela o tempo todo, andava pela rua achando que ela ia aparecer de repente. Às vezes estava em casa e saía na porta, só para ver se ela passava. Nunca mais vi a Aline, a amiga mais íntima da minha vida."

as brincadeiras infantis

Amarelinha, boneca, casinha, queimado, atiradeira, zarabatana, carniça, esconde-esconde, garrafão, escolinha, rodar pião, empinar pipa, a simples enumeração desses divertimentos infantis fez todos rirem, felizes com as lembranças:

"Lembrar essas brincadeiras de criança faz recuperar uma alegria que existiu dentro da gente, mas com o tempo foi ficando mais fraca, lá no fundo, cada vez mais difícil de subir para a superfície do espírito."

"A gente deixa de ser criança quando certas brincadeiras perdem a graça. Não sei se são elas que deixam de ter encanto ou se é a gente que fica envergonhado de continuar brincando."

a irresponsabilidade

"Eu matava aula e ia para a praia. Ficava lá no sol belo, folgado, mas na hora certa voltava para casa. À noite minha mãe estranhava o bronzeado. Eu disfarçava, dizia que tinha me queimado no caminho. Um dia o sol estava tão quente que ela desconfiou e me fez tirar a roupa. A maior marca do calção! Ainda quis explicar que tinha posto o calção por baixo e que o sol estava tão forte que passou através da roupa, mas não fui feliz: tomei a maior surra!"

"Minha mãe proibia de brincar com fogo, mas eu adorava. Uma vez, peguei uma caixa de fósforo do bolso do meu pai e fui fazer uma fogueirinha de papel, escondida embaixo da cama do meu tio. O fogo levantou mais alto do que eu esperava e não tinha nada para apagar. A fumaça me ardeu nos olhos e eu fugi para baixo. Meu tio, quando saiu do banheiro e viu aquela fumaceira, encheu uma panela de água e jogou na cama. Depois ele desceu para a sala, bravo, olhou para mim, e quis saber se eu não tinha nada para contar. Eu, inocente, perguntei: 'Queimou alguma coisa no seu quarto, por acaso?'"

"A minha amiguinha queria fazer as sobrancelhas para ficar como a tia dela e me perguntou se eu sabia como as mulheres faziam. Eu, para parecer experiente, disse que sim. Peguei o aparelho de barba do meu pai e raspei as duas sobrancelhas da menina."

"Hoje, quando a gente não cumpre uma obrigação, fica com sensação de culpa. Na infância não é assim, a irresponsabilidade é irresponsável."

a sensação de proteção

Para a criança pequena, a presença do pai e da mãe traz segurança plena:

"Quando meu pai estava perto, eu tinha a impressão de que nada de mau podia me acontecer. Ele era grande, forte, tinha uma mão enorme, quando pegava na minha para atravessar a rua. Depois que cresci, percebi que meu pai era baixinho e tinha as mãos pequenas."

"Minha mãe não queria que subisse na laje, mas eu subia escondido. Um dia ela me pegou lá em cima e disse: 'Pula já daí, menino!'."
O menino não teve dúvida:
"Saltei em cima dela."

"Meu pai era pescador e queria que eu fosse corajoso. Vivia dizendo que homem não chora, que homem isso, que homem aquilo. Meu sonho era conhecer o barco em que ele trabalhava, mas minha mãe não deixava porque tinha medo que eu caísse no mar e morresse afogado".

Um dia o pai convenceu a mãe, e levou o menino para vê-lo descarregar os peixes. O barco estava ancorado, mas havia um espaço livre entre ele e o cais. O marinheiro recomendou ao filho que esperasse enquanto ia buscar uma tábua para improvisar uma ponte e facilitar a passagem. O menino sentiu que aquela era a oportunidade de impressionar o pai:

"Queria que ele visse que eu já estava grande e era capaz de pular para dentro do barco. Afastei bem, corri para dar impulso e saltei. Caí como um prego dentro da água. Não sabia nadar mas nem fiquei com medo, tinha certeza de que ele vinha me salvar."

as crenças infantis

"Deu uma vontade horrível de fazer xixi no meio da aula, mas fiquei com medo de ir ao banheiro sozinha porque o pátio ficava escuro, só com uma luz fraca lá no fundo."

Antes de pedir licença para a professora, a menina perguntou para a amiga sentada ao lado se ela não faria a gentileza de acompanhá-la. A outra disse que não, por duas razões:

"Primeiro, porque a professora não vai deixar; depois porque naquele clarão que bate no chão do pátio, perto do banheiro, aparece a mulher loura."

"Que mulher loura?"

"Você não sabe? É a alma penada de uma mulher loura que morreu estuprada no banheiro de uma escola da Maré, e agora ela volta para se vingar quando o clarão da luz bate no chão."

A menina resistiu enquanto pôde. No final, desesperada, decidiu que era melhor enfrentar o medo da mulher loura do que perder o controle da bexiga, e pediu para a professora deixá-la ir ao banheiro. Na saída, ainda implorou em voz baixa para a amiga acompanhá-la. De cabeça baixa, a colega sussurrou:

"Nem morta!"

Ao chegar ao pátio, sozinha, ela viu a luz no final do corredor que provocava um clarão justamente na porta do banheiro em que precisava entrar. Com as pernas coladas uma à outra deu alguns passos, as mãos geladas, trêmulas, e o coração batendo na boca. Quando se aproximou do clarão luminoso, no entanto:

"Parei estatelada. Parece que tinha chumbo nos pés, não ia para frente nem para trás. Então, perdi o controle. Que vergonha!"

a espontaneidade

"Minha mãe tinha uma amiga que ia sempre lá em casa. Uma vez, quando a amiga foi embora, ela se queixou para o meu pai que estava cansada porque a amiga falava sem parar."

Na visita seguinte, o menino advertiu:

"Olha aqui, dona Miriam, vê se a senhora hoje fala menos, porque minha mãe fica cansada de tanto ouvir, e hoje ela tem que me levar à festa do colégio."

"Meu pai era cabo do exército, e vivia dizendo que precisava convidar o sargento para ir lá em casa. Uma segunda-feira, ele avisou a minha mãe: 'Querida, te prepara que o meu chefe vem sábado com a senhora dele'."

A semana foi dedicada aos preparativos para o almoço. Compraram copos novos para substituir os de requeijão, lavaram as cortinas, trocaram o espelho quebrado do banheiro e as lâmpadas queimadas, consertaram o rádio e lavaram o sofá revestido de plástico da sala. Para o menino, a semana foi um inferno:

"Qualquer coisinha que eu ia fazer, tomava bronca: sai daí, menino safado! Não está vendo que o chão está limpo, seu porco! Não é para xeretar a geladeira, que nós vamos receber visita! Só por causa do sargento, a maior repressão."

Sábado, pouco antes do almoço, chegou o oficial com a esposa:

"Sentaram no sofá da sala, na cerimônia: 'Pois não'. 'Sim senhor'. 'Tenha a bondade'. Eu ali, só admirando."

Quando se sentaram à mesa para o almoço, o sargento não só fez questão de que o menino sentasse a seu lado, como jogou-o para o ar e ainda apertou-lhe as bochechas.

Nesse momento, ele, que até então havia estado quieto, surpreendeu-se:

"Gozado, meu pai diz que o senhor é mandão, filho da puta, mas hoje o senhor está bonzinho, não é?"

Tocaram a campainha da casa. Era uma amiga da família:

"Querida, estou com a prestação da TV atrasada, vence amanhã. Você podia me emprestar 45 reais, que eu te pago até dia 10?"

"Olha, nós estamos sem dinheiro, porque a firma do meu marido atrasou o pagamento este mês."

O menino, que assistia à conversa da janela, interveio:

"Recebeu sim, mamãe, está cheio de dinheiro na gaveta do seu criado-mudo!"

as fantasias

"Quando eu tinha cinco anos, tinha paixão pela Cláudia Raia. Imitava a voz, dançava, penteava o cabelo e chorava de correr lágrima na frente do espelho, igualzinho a ela na novela. Não é que eu quisesse ser como ela, eu era a Cláudia Raia!"

"Quando alguém me perguntava o que eu queria ser quando crescesse, respondia que queria ser como o meu pai. Quero pensar e fazer tudo como ele."

Se as pessoas perguntavam como era o pai e o que ele fazia, o menino respondia:

"Não sei, meu pai morreu quando eu tinha cinco meses."

"Quebrei o pé quando era pequeno. Estava brincando com o meu primo em cima da laje e resolvi voar por cima das casas."

"Quando era pequena, não gostava do meu cabelo enrolado, queria ter cabelos longos como as artistas. Vivia com uma toalha enrolada na cabeça que caía até a cintura."

"Mãe! Eu já estou crescida. Você pode confiar em mim. Eu seria incapaz de condenar uma atitude de minha própria mãe, por mais errada que ela estivesse. Pode confiar."

"Posso?"

"Juro! Agora me conta. Você teve um caso com outro homem, que não era meu pai."

"De onde você tirou isso?"

"Eu sei, mãe, não adianta negar. Você teve um outro amor. Ficou apaixonada por outro homem, e desse amor nasci eu!"

"Ah! Quer dizer que você não é filha do seu pai?"

"Sou filha do meu pai, com muito orgulho, mas ele não é o seu marido, esse que mora aqui em casa, e que pensa que eu sou filha dele."

"Mas que idéia mais maluca. Eu nunca saí com outro homem depois que casei com seu pai!"

"Não adianta me enganar. Não precisa ter medo, eu vou saber compreender. É só olhar para mim e para o seu marido, para ver que ele não é meu pai. Eu não pareço com ele, minha fisionomia é outra, meus traços são mais delicados. Meu pai é alto, se veste bem, não come com a boca aberta, não chega bêbado. Meu pai não grita com as pessoas."

a imaginação

"Minha mãe toda hora dizia que ia buscar dinheiro no banco. Eu pensava que existia um homem que ficava o dia inteiro sentado num banco de madeira, distribuindo dinheiro para quem viesse."

"Quando escutava rádio, eu pensava que existiam umas pessoas bem pequenininhas cantando lá dentro."

"Minha mãe dizia que eu nasci porque meu pai colocou uma sementinha dentro dela com o pinto."

Um dia, o menino estava tomando banho com o pai:

"Pai, deixa ver essas sementes que saem do seu pinto."

O egoísmo

"Meus primos foram brincar em casa, e tinha uma melancia em cima da pia, minha fruta predileta. Eles pediram um pedaço, mas eu não dei. Disse que ninguém podia comer porque minha mãe ia fazer um doce."

Quando a mãe chegou em casa, perguntou por que os sobrinhos não tinham comido a melancia. Eles explicaram que o primo tinha proibido por causa do doce. A mãe cortou um pedaço para cada um, e quando todos foram embora:

"Ela foi até a venda, comprou outra melancia e me fez comer inteira, sozinho, para deixar de ser egoísta. Comi tanto que peguei bode de melancia até hoje."

"Meu primo era metido a sabidão, e tinha muito mais brinquedo porque era filho único e eu tinha mais duas irmãs. Ele tinha uns soldadinhos que eu achava lindos."

Os dois brincavam de guerra com esses soldadinhos. Armavam dois exércitos frente a frente, e lançavam balas de canhão sobre as linhas inimigas com bolinhas de plástico.

"Uma vez, roubei três soldados do meu primo, justamente os três que eu mais gostava. Estava brincando com eles no meu quarto, quando meu pai entrou. Na hora, tomei um susto e quis esconder os bonecos."

O pai, paraibano enérgico, estranhou a atitude, e quis saber a origem dos bonecos. O menino tentou despistar, mas acabou confessando que eram do primo:

"Tive que devolver, e ainda tomei uma surra para aprender a nunca mais tirar nada de ninguém."

"Minha mãe tinha horror de barata. Ela viu duas grandonas saindo do meu guarda-roupa e ficou desesperada, retirou todas as roupas e sapatos para passar inseticida dentro."

Na arrumação, a mãe descobriu a fonte de atração das baratas:

"Encontrou três latas de leite condensado abertas que eu escondia do meu irmão no meio das caixas de sapato, no fundo do guarda-roupa."

O QUE NASCE
a responsabilidade

"Aos 13 anos, arranjei um emprego de secretária no Méier. Acordava às cinco e meia para entrar no trabalho às oito, bem arrumada."

"Com dez anos comecei a ir para a escola sozinho de ônibus, porque meus pais saíam cedo e não podiam me levar. Eu mesmo fervia o leite de manhã, esquentava um pãozinho com manteiga na chapa, embrulhava um sanduíche de queijo para comer no lanche e ia embora para a escola. Eu me achava muito mais adulto do que os meus colegas que iam de mãos dadas com os pais."

"Quando fiz nove anos, minha mãe disse que eu já estava grandinha. Ela, com a minha idade, tinha começado a cuidar da casa e dos irmãos menores, no interior de Pernambuco. Todo dia eu arrumava minha cama, lavava o banheiro, varria os dois quartos, a sala e a cozinha, passava pano úmido no chão e esquentava a comida quando voltava da escola. Às vezes eu chorava de preguiça."

"Com 11 anos comecei a cuidar dos meus irmãos gêmeos, que tinham dois anos. Minha mãe trabalhava numa loja em Bangu e meu pai era pescador, passava dias sem voltar para casa. Uma vez achei o cabelo deles muito seco e passei manteiga na cabeça dos dois. Outra vez, passei detergente porque pensei que eles estavam com piolho. Para mim, é como se eles fossem meus filhos, até hoje."

"Passei para a terceira série no ano em que meu irmão pequeno entrou na escola. Quando as aulas terminavam, precisava esperar a saída dele para irmos para casa. Uma vez, saí distraído e peguei o ônibus sem me lembrar dele. Quando estava chegando no ponto é que percebi, mas não tinha mais dinheiro para pegar o ônibus de volta. Precisei ir até a casa da minha madrinha arranjar dinheiro e pedir para ela não contar para a minha mãe, de jeito nenhum. Se a minha mãe soubesse, ia morrer de preocupação no trabalho todos os dias."

as velhas amizades

"Estudávamos juntas no CIEP e éramos muito amigas. Contávamos tudo o que acontecia uma para a outra. Depois, ela foi para uma escola particular e as conversas mudaram, só falava de roupa de marca, tênis, tipos de carro e lugares da zona sul. Comecei a achar que ela era chata, mas na frente dela eu dizia que ela era legal."

"Meu pai trabalhava na mesma fábrica que o pai dele. Nós éramos da mesma idade, vizinhos e amigos inseparáveis desde pequenos. Eu acordava, tomava café e passava na casa dele, ou ele na minha, para irmos para a escola."

Estudavam na mesma classe, sentados lado a lado, ajudavam-se nos deveres de casa e brincavam juntos pelos becos do Timbau. Eram tão unidos que ganharam o apelido de "Os sombras".

Quando fizeram 13 anos, a família do amigo mudou-se do Morro do Timbau para a Nova Holanda. A distância gradativamente afastou os dois amigos. No primeiro ano depois da mudança, ainda se viam todos os dias na classe, mas depois o amigo trocou de escola e os encontros se tornaram menos freqüentes.

Com o tempo, o amigo fez novas amizades e começou a ficar estranho aos olhos do companheiro de infância:

"Arranjou um amigo que trabalhava no Movimento, e só falava de como esse cara era legal, e da turma dele que andava armada e impunha respeito na favela. Ninguém se metia com eles. Mandavam e todos obedeciam. Se eu tentava explicar que esse pessoal levava uma vida perigosa, ele dizia que eu estava por fora, precisava largar da barra da saia da minha mãe."

Uma noite, a caminho da casa de uma tia que morava na Nova Holanda, viu o amigo parado na esquina com uma automática na mão. Ao lado dele, dois meninos pouco mais velhos com fuzis pendurados no ombro fumavam um baseado.

"Ele fingiu que não me viu, mas não podia deixar de ter visto, passei tão próximo dele."

Semanas mais tarde, encontraram-se outra vez. Era manhã de domingo, dia de feira:

"Ele veio a meu encontro, e disse: 'Escuta aqui, você é do Timbau e lá só tem safado. Do lado de cá, é nós. Não cruza mais a fronteira'."

a capacidade de planejamento

"Minha mãe tinha uma amiga na Pavuna que vendia de tudo, brinco, anel, rádio, CD, Avon, De Millus, Natura. Eu pensei, vou ser muambeira igual a ela. Comecei a vender revista, presilha para cabelo, biscoitinho, roupa para vestir boneca, tudo o que aparecia."

Comerciante nata, guardava o lucro num cofrinho. Dois anos depois, as economias foram suficientes para comprar um violão. Então, disse para o pai:

"Agora, pai, vou comprar um carro para o senhor."

Mas, quando fez as contas de quantos meses de vendas seriam necessários, desanimou:

"Tinha que vender durante 12 anos e oito meses, e economizar todos os centavos que ganhasse."

"Minha mãe fazia um lanche maravilhoso, que minhas amigas na escola adoravam. Eu pedia para ela fazer dois sanduíches todos os dias porque sentia fome no intervalo, mas não comia nenhum. Vendia os dois. O dinheiro eu economizava para comprar roupa."

"Meu sonho era ser marinheira, sair da Maré de uniforme, andar pelos sete mares, terras distantes, pessoas estrangeiras. Com sacrifício, minha mãe me matriculou no cursinho para a Marinha. No mês seguinte, a menstruação atrasou e fiquei apavorada: justo agora que a vida ia mudar de rumo. Tomei chá de losna, fiz simpatia, rezei, prometi subir os degraus da igreja da Penha de joelho com uma vela na mão. Não adiantou, nasceu o Diego, e a Marinha ficou para ele."

o discernimento

"Meu pai era viciado em baralho e corrida de cavalo. Não trazia dinheiro para casa, perdia o salário inteiro no Jóquei ou na mesa de jogo. Minha mãe brigava com ele, mas não adiantava, ainda tinha que pagar as dívidas que ele fazia com os vizinhos."

No dia em que o menino fez 12 anos, aconteceu uma dessas brigas. O pai pegou um facão e ameaçou a mãe. O menino e a irmã mais nova tomaram a atitude que a mãe não tinha coragem de tomar:

"Pusemos ele para fora de casa. Foi triste, mas foi melhor assim."

"Eu tinha 14 anos e só andava com o pessoal que gostava de dançar. Era o que eu mais queria, o mundo caindo lá fora e eu dançando sem parar."

Uma vez, num baile da rua Oliveira, ela saiu para apanhar uma brisa e parou numa rodinha. Estavam fumando maconha. Ofereceram o baseado para ela:

"Eu nunca tinha visto um baseado; achei até que podia ser legal fumar porque dizem que a gente escuta a música mais forte dentro da cabeça. Mas depois raciocinei: para quê? Para gostar e querer fumar de novo? Virar maconheira como tanta gente que só consegue encontrar felicidade quando está chapada?"

"Quero mudar daqui. Não que eu não goste do lugar, nasci na Maré, é perto, tem condução para qualquer ponto da cidade, no comércio a gente encontra de tudo a bom preço, minhas amigas e amigos são daqui, e eu não tenho ambiente nenhum em outro lugar. Mas quero ir embora, tenho dois sobrinhos pequenos e morro de medo de que eles convivam com os bandidos, achem bonito, e se tornem um deles."

a capacidade de enfrentar os desafios

"Há dois anos, quando o Corpo de Dança foi a São Paulo pela primeira vez, fiquei apavorada, nunca tinha saído de perto dos meus pais. O lugar mais distante que eu conhecia era a casa da minha madrinha em Bonsucesso."

Na hora da despedida, os pais e a avó a acompanharam até o ônibus. A choradeira foi geral:

"Parecia que eu estava indo para a guerra."

As viagens seguintes foram enfrentadas com mais serenidade. Não teve medo nem na Bahia:

"Diziam que o teatro era mal-assombrado, povoado pelas almas penadas que tinham morrido num incêndio, que aconteceu lá."

"Minha mãe fez sacrifício e me matriculou no cursinho para a Escola Naval, o sonho da minha vida."

Ele cursou um ano, estudando aplicadamente para realizar o sonho. Quando foi fazer a matrícula para o exame:

"A maior decepção, não tinha idade suficiente. Agora, só no próximo ano. Não tem importância, começo tudo de novo."

"Meu maior desafio é voltar da escola todas as noites. Para chegar em casa, sou obrigada a atravessar a fronteira que separa as duas facções. Para desviar, precisa atravessar os becos, e à noite ninguém vai."

O medo começa no ônibus a caminho de casa e aumenta à medida que se aproximam do destino final. A viagem é sempre na companhia de uma amiga:

"Nós fazemos de tudo para voltar juntas. Assim uma dá coragem para a outra."

Quando chegam à fronteira, as duas de braço dado, apertadas uma contra a outra, enxergam de um lado os bandidos armados com metralhadoras de uma das facções; do outro, os vultos dos inimigos deles. Quando passam pelo primeiro bando, ficam na linha de tiro:

"Se o tiroteio começar naquela hora, pega a gente bem no meio."

Depois de passar, elas evitam olhar para trás, com receio de que a atitude seja considerada suspeita. Na penumbra, continuam o caminho com os olhos grudados no bando entrincheirado na frente. Quando passam, finalmente:

"As mãos da gente estão molhadas de suor e o coração disparado porque os tiroteios são diários e começam quando menos se espera."

as transformações físicas e a sexualidade

"Percebi que estava ficando mocinha quando quis sentar no balanço e vi que não cabia mais."

"Estava dormindo e meus seios começaram a doer. Fui olhar no espelho e achei que eles tinham crescido."

"Atendi o telefone, e a pessoa do outro lado perguntou se eu era o meu pai. Fiquei orgulhoso, era a primeira vez que confundiam a minha voz com a dele. Antes, confundiam com a voz da minha mãe."

"Eu raspava os pelinhos para crescerem mais fortes e mais pretos, como os do meu pai."

A mãe sempre dizia: "Filha, quando você sangrar, vai ter que usar Modess!"

"Eu dizia, tá bom, mas não sabia o que queria dizer sangrar nem o que era Modess."

Então, quando ela fez 11 anos, ganhou de presente uma semana num acampamento. No dia do aniversário, estavam numa rodinha de meninas organizando uma equipe, quando uma delas notou:

"Gorete, olha a tua bermuda branca! Está vermelha de sangue!"

"Eu olhei e vi aquela mancha enorme aumentando sem parar, escorrendo pelas pernas, e fiquei desesperada."

Correu na direção do segurança do acampamento, único adulto nas imediações, e gritou:

"Moço, me leva para o hospital, pelo amor de Deus. Vou morrer, minhas tripas estão saindo para fora!"

"Eu ficava todo o dia olhando para ver se nasciam pêlos. Um dia notei um fiapinho. Fiquei tão contente que saí pela casa pulando."

"A primeira experiência sexual foi com a minha prima, que saiu do banheiro nua. Prima é a maior vítima, cara!"

"Parece que foi feitiço! Um dia acordei pensando em sexo, e não conseguia mais pensar em outra coisa. Não dependia da minha vontade, pelo contrário, até me esforçava para espantar aquelas maldades da mente, mas as mulheres não saíam da minha cabeça. Até a mulher da quitanda, uma portuguesa de bigode, feia pra caramba, não escapava da minha imaginação."

"Um dia ele pegou no meu braço com delicadeza e eu estremeci. Nunca tinha sentido nada igual!"

"Penso em sexo 27 horas por dia!"

"Minha primeira experiência foi no sofá de casa, em 15 minutos que minha mãe deixou a gente sozinho. Fiquei morta de excitação e de medo."

"Quero ser ator de filme pornô. Já imaginou ganhar dinheiro para isso? Meu sonho é estar urinando no beco, passar um cara, olhar, e dizer: 'Está contratado, cara. Vem trabalhar no cinema pornô'."

"Ia casar com meu noivo, quando fiquei grávida aos 17 anos. Íamos casar, mas aí eu descobri que não era apaixonada por ele, e resolvi ter o filho solteira."

"Meu pinto crescia de uma semana para a outra. Eu olhava para ele preocupado: aonde será que vai chegar?"

a necessidade de aceitação

"Quando a gente é criança, o amor da família é suficiente para trazer a felicidade. Na adolescência, percebe que é importante que os outros gostem do jeito de a gente ser."

"É por isso que muita gente entra na droga. O cara de mente fraca quer mostrar que é malandro, desobedece aos pais, faz tudo da cabeça dele, experimenta primeiro para pensar depois, e se mete nessas confusões que a gente vê, de gente roubando para entregar na mão de traficante."

"Eu me vestia com as roupas que a minha mãe escolhia. Agora, não é mais assim, não posso destoar das outras."

"Conheço todo mundo na favela. Se fosse maior de idade, podia ser vereadora eleita pela Maré!"

"Na rua Oliveira, sexta-feira é baile, no sábado, pagode. Quando não vou, todo mundo pergunta se fiquei doente!"

"Se você não é respeitado pelos outros, a vida fica difícil. Se você trabalha no tráfico, ninguém é louco de te desrespeitar."

"Quero ser reconhecido. A fama é bom."

o sentimento de culpa

"Depois que entrei no grupo de dança e comecei a freqüentar lugares bonitos, viajar para São Paulo, Salvador, de avião, fico triste de ver meus pais que trabalham tanto sem ter oportunidade de viver as mesmas coisas."

"Quando era pequetita, só queria saber das coisas boas que a vida me dava. Hoje, fico preocupada com a minha família. Se acontece uma coisa boa para mim, quero dividir com eles. Se não puder, perde a graça."

"Que adianta eu conhecer um homem lindo, casar com ele, e me mudar para um bairro arborizado em que não exista guerra entre facções, se meus irmãos tiverem que continuar aqui?"

"Na infância eu ficava triste por mim, agora fico pelos outros."

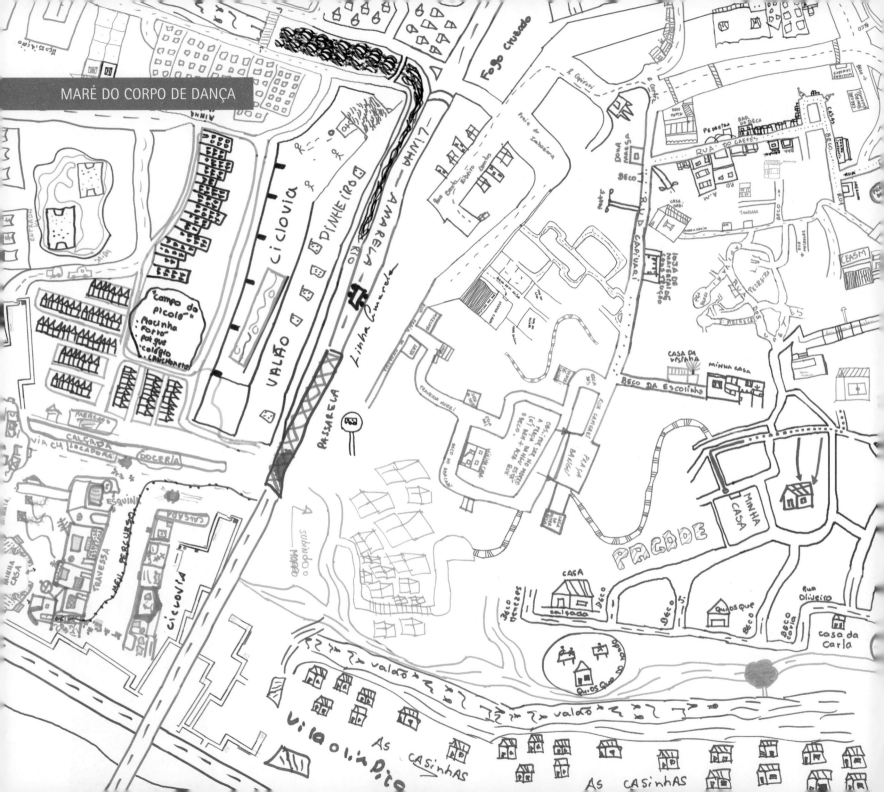

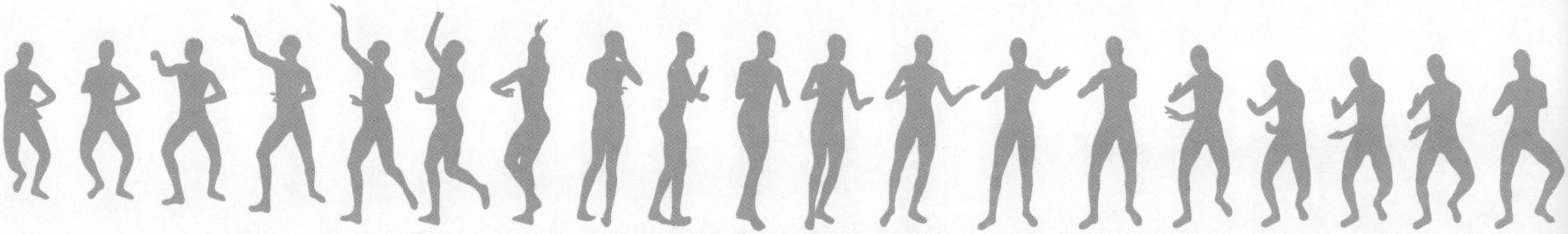

DANÇAS DA MARÉ

Ivaldo Bertazzo

D esde março de 2000, adolescentes moradores do complexo da Maré (organizados pelo CEASM - Centro de Estudos e Ações Solidárias da Maré) se dispuseram a uma vasta experimentação dos princípios de coordenação motora, que culminaram em três espetáculos: *Mãe Gentil, Folias Guanabaras* e *Dança das Marés*, além da realização deste livro.

Praticamente todos esses adolescentes conseguiram redirecionar seus hábitos de hiper-atividade, que os distanciava da interiorização e das atitudes de concentração necessárias à absorção do aprendizado.

Após três anos, observamos sua reação mais pronta e alerta às atividades propostas. Foi exigida deles uma enorme capacidade de raciocínio motor para dançar e subdividir, com muita complexidade, ritmos e pulsações. Estou certo de que essa experiência tem sido de enorme valor para sua diferenciação e personalização. Também estou seguro de que foram imensos os progressos que obtiveram em sua prontidão e capacidade de concentração, a serem transferidas para suas futuras atividades profissionais. Espero também que tenham adquirido o hábito de transformar seus impulsos e façam dos sentimentos de respeito comum que exercitam neste momento uma constante para toda a vida.

Agradeço à Petrobras, ao SESC Rio de Janeiro e ao SESC São Paulo, que promoveram todas as condições para que tudo se realizasse num ambiente de prazer e bem-estar, fornecendo condições materiais para o desenvolvimento educacional desses adolescentes em ambiente social digno. E também a todos os profissionais das várias áreas – esporte, dança, pedagogia, psicologia, medicina, música – que colaboraram para essa realização.

Destacando o **homem das outras espécies**

O desenvolvimento e a sobrevivência das espécies animais conhecidas dependem muito de suas qualidades específicas de movimento. Os movimentos que cada organismo vivo elabora, síntese do seu modo de funcionamento, determinam a maneira de atuar no meio ambiente. É impossível separar o peixe do nadar, o pássaro do voar, os mamíferos de suas formas particulares de locomoção sobre a terra. O ser humano é indistinguível de sua particular forma de deslocamento: vertical, bípede, com alcance visual bastante amplo, e as mãos livres para alcançar o espaço que o cerca.

Cada espécie modifica-se ao longo de sua história evolutiva pelo exercício de suas engenhosas potencialidades de adaptar-se e de lidar com o meio ambiente e com suas características sempre em mudança. Seus comportamentos, em contrapartida, foram sendo moldados pela evolução. Os seres vivos carregam um profundo "instinto" de sobrevivência e dependem o tempo todo do que ocorre com o meio ambiente.

Graças às modificações na sua estrutura física, e conseqüentemente, no seu funcionamento, a espécie *hominidae* trouxe como inovação evolutiva o desenvolvimento do intelecto e o raciocínio. Nesta evolução, conseguiu fazer dos instrumentos que veio construindo uma projeção do seu corpo, poupando-se assim de desgastes e podendo desenvolver novas faculdades. Através do exercício dessas projeções, o cérebro abriu-se para novas dimensões que, pouco a pouco, a levaram a criar autonomias em relação às condições do meio ambiente. A espécie humana diferenciou-se a partir do *homo habilis*, surgido há mais ou menos 2,5 milhões de anos, e que já apresentava um cérebro maior que o dos outros mamíferos. Esses novos membros da família humana já utilizavam, nessa época, instrumentos de pedra, envolvendo-se no constante exercício das mãos. Pelo seu modo de funcionamento e de relação com o meio ambiente, foram modificando-se dentro de uma linha diferenciada. Há 1,5 milhão de anos, já existiam as condições para o surgimento de uma outra subespécie, com um cérebro ainda maior, o *homo erectus*, que é um caçador por excelência. Já constrói abrigo para morar e conhece o fogo, comporta-se e interfere no ambiente de maneiras que modificam o entendimento de si e do espaço. As modificações em suas ações e comportamentos, suas interferências no meio ambiente e as respostas que dele absorve são etapas no caminho que levará ao desenvolvimento do *homo sapiens*. Os seres humanos que existiam há cem mil anos são indistinguíveis dos seres humanos atuais em sua estrutura corporal. No entanto é de supor-se que mudanças ocorreram neste tão longo período. Que caminho seguiu a evolução, e que modificações se processaram desde então?

A espécie humana continua passando por mudanças no seu desenho corporal e modo de funcionamento, as quais se processam em níveis menos visíveis. Possui hoje uma imensa capacidade de ação sobre o meio em que vive, interagindo ativamente com a natureza e com os outros seres, o que certamente se reflete no aprimoramento de suas potencialidades.

Poderíamos dizer que os seres humanos se encontram hoje num processo de "evolução" não mais genética, porém "cultural". Passaram a aprender com suas próprias experiências e com as experiências dos outros homens, tornando-se capazes de previsão, não mais obrigados a submeter-se ao lento e caprichoso ritmo da natureza. O comportamento instintivo já foi, com muita freqüência, modificado pelo aprendizado. A possibilidade de modificá-lo é que nos levou a este ponto de evolução. Poderia haver um outro lado nessa medalha? Será que exploramos ao máximo nossas potencialidades? Será que a influência do aprendizado sobre o instinto resulta necessariamente em respostas melhores? E melhores em que termos?

Nossa espécie, sem dúvida, consegue poupar-se e economizar etapas, transferindo aos objetos que transforma funções que podem ser consideradas mais evoluídas. Ao inventar o sapato, para proteger-se das asperezas do solo ou do frio, seus pés se modificaram estruturalmente, refinando suas funções, adquirindo sutis qualidades de informação para o sistema nervoso central, através de sua inervação mais complexa que a dos pés dos nossos antepassados. Do mesmo modo, as vestimentas substituíram certas adaptações genéticas que talvez necessitássemos desenvolver, e assim adquirimos uma grande sensibilidade cutânea, que absorve do meio ambiente um sem-número de informações. Por possuir a noção de um universo interior, em oposição ao mundo externo, elaboramos e desenvolvemos uma estrutura psíquica, regulada por noções de bem-estar e prazer.

De diferentes maneiras, o ser humano parece ter se libertado, em algum grau, das imposições de seus genes e do rigor seletivo. Por meio da ciência talvez possamos refazer a trajetória do homem descrita em alguns mitos e contos, em que este se distancia do seu reino original e, após passar por provas muito arriscadas, consegue um dia voltar para casa, trazendo algumas conquistas para a evolução de sua gente. Nosso instinto de sobrevivência, porém, conseguirá fazer valer sua função reguladora e protetora nesse percurso além-natureza?

O zoólogo e botânico inglês David Burnie, no livro *How Nature Works*, diz o seguinte:

"Na história humana, o ritmo da evolução cultural superou de longe o da evolução biológica. A seleção natural, sem dúvida, desempenhou um grande papel no passado da raça humana, mas os especialistas discordam sobre o quanto ela ainda nos influencia nos dias de hoje, se é que o faz. Em quase quatro bilhões de anos, a evolução produziu apenas uma forma de vida capaz de entender o que significa estar vivo e evoluir. De um início insignificante, chegamos a um ponto em que somos capazes de moldar a evolução futura de outras coisas vivas e também de nós mesmos."

Deveríamos ter bem claro que chegamos até onde chegamos graças ao intercâmbio cultural, à aprendizagem social. Porém, não devemos apagar de nossas células os traços daquela bagagem natural ligada à "base humana", que partilhamos com os outros homens.

Cabe aqui endossar abordagens educacionais que partem de um universo mais geral e genérico – como o sistema solar e a Terra – para chegar a temas específicos como a cidade e o bairro.

A engenharia genética, pela sua ambição de desenvolvimento e pelo poder de que dispõe, não acabará dando um salto muito grande, deixando para trás os próprios benefícios da evolução cultural? Já que no mundo natural pouquíssimas coisas vivem por si só, não poderia e deveria caber ao homem ser o protetor de todos os sistemas dos quais dependemos para nossa sobrevivência?

Se a medicina e a biotecnologia não assumirem uma postura de respeito em relação ao planeta e às diferentes espécies, caberá, enfim, a cada indivíduo dedicar-se a aprimorar o atual estágio evolutivo, criaturas que somos deste "velho mundo". Para isso deveríamos nos concentrar no desenvolvimento de nossas potencialidades, antes de nos lançarmos em experimentos com as perspectivas (incertas) do que poderíamos chegar a ser. É esse o legado da educação. No entanto, os recursos aplicados nela são ínfimos se comparados aos enormes investimentos em biotecnologia, com suas promessas de um "mundo novo".

A preocupação com a longevidade é deslocada, uma vez que observamos nossos semelhantes se apequenarem nos limites do tempo de vida que lhes cabe. Os graus de autonomia de que o homem dispõe hoje diante da natureza e da determinação genética colocaram, por assim dizer, sua evolução em suas próprias mãos. Talvez devêssemos antes refinar ao máximo aquilo que já atingimos, preencher os hiatos e soldar as rupturas que nos fragilizam para então exercermos nosso privilégio de espécie que controla a si mesma. Diante do meio ambiente ameaçado, da miséria material e espiritual que atinge a maioria da população mundial e da falta de recursos, ou incapacidade de concentrarmos os recursos existentes na educação deste homem que chegou até aqui, como poderemos fazê-lo? Ainda haverá tempo? Antes que a espécie humana desapareça ou se transforme em algo diferente, fruto de clonagens, inseminações controladas e outras diferentes "engenharias"?

Sobre as qualidades do movimento humano

O modo como cada espécie animal se movimenta está ligado à sua maneira de absorver elementos do meio ambiente e estabelecer trocas com ele e com os semelhantes. Para passar da posição horizontal para a vertical, o homem traz as mãos à sua frente, juntando-as, enrola seu eixo vertebral, senta-se e traz as pernas ao encontro do tronco, dobrando os joelhos e, finalmente, apoiando os pés no solo, passa pela posição de cócoras e chega à posição ereta, sem precisar voltar o corpo para o lado ou recorrer à ajuda das mãos.

Desloca-se por meio da marcha bípede, conseguindo apoiar-se num pé só, enquanto a outra perna alcança o solo mais à frente, ao mesmo tempo que suas mãos podem ocupar-se com a manipulação de objetos. Seu olhar consegue abranger uma grande extensão do espaço, graças à altura em que se encontram seus olhos e à facilidade em girar a cabeça e a metade superior do tronco para olhar para trás.

A conquista da posição vertical está associada à abertura do ângulo de suas virilhas (na posição fetal, ou na posição quadrúpede, o ângulo entre coxas e bacia é bem mais fechado). A maior abertura do ângulo entre as coxas e bacia foi, com certeza, fator determinante para a verticalização da coluna vertebral e para a liberação das mãos, para o aumento da massa cefálica e comparativa diminuição da projeção do rosto para a frente. Isto ampliou o olhar humano e, em conseqüência, o grau de experimentação acessível ao *homo sapiens.*

A organização do universo motor inicia-se com o instinto individual de sobrevivência, quando o bebê se encontra ainda em simbiose com a mãe, vivendo no seio de uma globalidade única, onde é tudo e todos. Após essa fase, o bebê lança-se incessantemente à manipulação dos objetos, à sucção, à agitação de braços e pernas, a uma incessante troca de pequenos movimentos nos seus espaços internos para finalmente conseguir, através da elaboração de suas sensações, diferenciar-se do que o cerca, descobrindo sua individualidade.

O movimento é que permite ao bebê separar e classificar as diversas sensações provenientes de cada um dos elementos dos mundos exterior e interior.

Já na fase embrionária, os sentidos de orientação do homem são organizados para a frente do corpo – olhos, boca, nariz, ouvidos, mãos e pés estão orientados para a frente, em função de seu desenvolvimento futuro. A coluna vertebral humana não é uma simples estrutura paralela ao solo à qual se "penduram" os órgãos, como ocorre em outras espécies, mas está dentro de seu corpo, permitindo, com sua flexibilidade, a passagem da posição enrolada à vertical. O conjunto de ossos da coluna vertebral humana é também extremamente leve, o que permite ao corpo humano correr e pular. Além disso, possibilita uma grande liberdade de oposição entre ombros e quadris, que podem torcer-se cada um para um lado, criando o movimento de torção do tórax no próprio eixo. Com isso aceleram-se modificações também dentro do organismo. Com a postura bípede, por exemplo, o retorno venoso veio a tornar-se mais dependente do complexo movimento dos músculos. Indo mais além, eu arriscaria dizer que o movimento poderia até mesmo chegar a substituir a função de certos elementos anatômicos, que talvez pudessem deixar de existir.

A partir do nascimento, o desenvolvimento da individualidade humana acontecerá à nossa frente: no espaço ao alcance das mãos, dos pés e por onde se espraia nosso olhar. A partir das informações que eles fazem chegar até ele, irá, pouco a pouco, construir seus pensamentos.

O sentido de orientação espacial é determinado por músculos situados na frente do corpo, comandados por um sistema nervoso eferente mais refinado que o das outras espécies animais.

Isso pode facilmente exacerbar o impulso de alcançar o mundo exterior, de ir ao encontro de tudo que está fora dele e à sua frente, programando-se inclusive para ações no futuro distante. Sobretudo num mundo tão entupido de apelos e de estímulos, o impulso de voltar-se preferencialmente para o que está fora dele é muito forte.

A faculdade de manipular e perceber a transformação dos elementos manipulados pode seduzir a tal ponto o homem, pela fascinação com suas criações, que ele deixa de olhar para dentro e para trás. Dedicando-se a acumular vorazmente novas e cada vez mais novas experiências e informações. Este constante voltar-se para fora tem também seu lado perigoso.

Para equilibrar esse afastamento alucinante do próprio centro, as "providências remediadoras" deveriam começar bem cedo na vida. Deveríamos ter consolidado, durante os nove meses de gestação, um forte padrão esférico nas articulações, sobretudo nas da coluna vertebral, enrolada em posição fetal. As formas levemente esféricas encontradas nas linhas da coluna são as que tornam possível ao corpo humano erigir-se *com* a gravidade e *em* oposição a ela. Os padrões esféricos deveriam ser preservados no movimento de se passar da posição deitada para a sentada e daí para a posição em pé. E, mesmo na postura em pé, no momento de saltar, nos gestos do trabalho manual, do comer ou das manifestações afetivas, a utilização destas orientações esféricas leva constantemente à atenção para o universo interior.

Antes de ser psíquico, o ser humano é psicomotor. Saltando vários elos intermediários, tenho a ousadia de acreditar que a possibilidade motora de reagrupar-se e voltar-se para o interior é imprescindível na afirmação da personalidade individual.

Ao deslocar-se, o corpo é um volume unificado e individualizado – e não uma figura plana – que se lança, acionado pela força dos flexores dos pés e também dos braços. Estes, por sua qualidade muscular, transformam o espaço em algo mais denso, como se o trouxéssemos para nós.

Mencionei até aqui alguns princípios de construção da *mecânica humana* que fazem dela um privilégio de nossa espécie: a indissolúvel unidade entre psíquico e motor, a projeção do espaço interior para o exterior, a importância de construções esféricas nos movimentos e a importância da musculatura anterior do tronco.

Esses princípios motores deveriam ser básicos na formação do educador e do profissional de saúde; e deveriam estar presentes em todas as atividades que necessitam de concentração, seja no aprendizado ou na experimentação com o mundo exterior.

Nossos músculos flexores, aqueles situados principalmente à frente do corpo, são os que possibilitam essa atitude de concentração e análise, esse envolvimento de todo o ser numa ação específica ou diante de uma nova informação ou conhecimento a ser adquirido. São os músculos flexores que controlam o impulso de dispersar-se no exterior. São eles que levam o corpo a experimentar sensações motoras mais profundas, mais intensas, construindo e refinando o universo de referências interiores.

O conhecimento de como funciona o aparelho locomotor humano poderia ser introduzido nos programas de educação, com grande vantagem para o desenvolvimento intelectual, com redução do estresse e desconforto, trazendo economia dos recursos reservados à saúde num mundo excessivamente populoso e de baixa renda.

O corpo que se lança para diante tende, naturalmente, a empinar toda a caixa torácica e, por conseqüência, o abdome na mesma direção. Ao fazê-lo,

fechamos atrás os espaços ósseos e musculares, comprimindo as costelas e as vértebras, bloqueando o livre curso da respiração (este é um exemplo de como os diferentes impulsos podem acarretar modos de funcionamento corporal que definirão diferentes desenhos do corpo).

Porém, é do interior e não do exterior que, a partir dos primeiros meses de vida, estabelecemos e elaboramos as sensações da geometria que nos situarão no espaço, percebemos linhas retas, curvas, a distância entre pontos, as diferentes dimensões. Através do refinamento de nossos movimentos, nossos gestos se ampliam e a definição de nosso volume no espaço torna-se mais precisa. Dependemos do contato com objetos exteriores, com suas texturas, com temperaturas diferentes, do contato com outros corpos em movimento, semelhantes ou não, para aos poucos nos tornarmos mestres do espaço. Não fosse o fato de possuirmos um psiquismo extremamente dependente da auto-estima e do reconhecimento dos outros, seríamos os reis dos reis na postura e no desenvolvimento motor. Infelizmente, as condições do psiquismo humano são às vezes adversas ao pleno desabrochar da motricidade (mas, por outro lado, é verdade que a diferenciação entre os indivíduos da espécie está intimamente ligada à diferença entre comportamentos e pulsões de natureza psíquica, que induzem posturas diferentes).

O corpo em pé vivencia no espaço dimensões e posições fundamentais para sua sobrevivência – altura, profundidade, largura, frente, trás, lateralidade etc. O sentido inicial de orientação para a frente é a referência para conceituar as outras direções. São nossos músculos que proporcionam a passagem de um movimento para o outro, são nossos músculos que nos fazem perceber a con-

tinuidade do espaço e do tempo. A experiência motora é capital para que nos percebamos vivos e diferenciados dos outros homens e das outras coisas.

No estudo da evolução das espécies, a expressão "sobrevivência do mais apto" invoca a imagem de seres vivos empurrando-se uns aos outros enquanto brigam para chegar ao topo. Em termos evolutivos, valor adaptativo não é a mesma coisa que ser fisicamente robusto, "bombado", e não é certo que apenas a força garanta o sucesso. O valor adaptativo é uma medida de como o organismo lida com as mudanças da vida diária. Não confundamos quantidade de músculos com inteligência funcional da espécie. A experimentação motora devolve ao cérebro novas informações, enriquecendo suas possibilidades. Isso não significa fortalecer os músculos em repetidos exercícios inconscientes e voltados para a aquisição de uma forma física valorizada pela mídia.

Para o aprimoramento da espécie humana em seu aspecto psicomotor, nada poderá substituir as repetidas experimentações com o movimento, com todas as suas possibilidades, condição básica até para a preservação da forma humana como a conhecemos hoje.

Química alguma poderá substituir a experiência de pressionarmos os pés no solo, manipularmos diferentes objetos, modificando-os diante de nossos olhos, nem substituirá a experiência da vibração de nossa voz dentro do corpo, ou da articulação das pernas ao andarmos, nem garantirá o raciocínio motor e a previsão que deve anteceder o movimento.

Penso no pulo e então salto por sobre o buraco que vejo, olho para a maçã e consigo adaptar minha mão para pegá-la, sem modificar sua forma. Sinto, desejo e promovo condições de relação e trocas com o parceiro amoroso em um âmbito motor. Durante o movimento, nosso corpo passa por alterações de forma sem perder seu volume e pressiona com movimentos que partem de dentro para fora o espaço que o rodeia. Esse corpo necessita de uma intensa experimentação no espaço e dentro de si, em planos e níveis diferentes, com mudanças de velocidade, com diferentes qualidades e intensidades de movimento, para refinar seu cérebro e seu universo intelectual.

Acredito que, introduzindo no processo educacional de nossas crianças condições práticas de experimentação e mesmo de reflexão intelectual sobre o universo do gesto humano, poderemos estabelecer as bases de uma "ecologia pessoal" que poderá ampliar-se para a sociedade. O conhecimento de nossa trajetória, de todos os fatores de que dependemos – seja qual for nossa classe social –, a consciência de si e dos outros, a consciência de tudo o que nos cerca, depende fundamentalmente de nossas experimentações psicomotoras, sem deixar de associá-las sempre às noções de bem-estar e prazer pelas quais nosso psiquismo anseia.

Referências bibliográficas

Godelieve Denys-Struyf, *Cadeias musculares e articulares – O Método G.D.S.*, São Paulo, Summus Editorial.

S. Piret e M. M. Béziers, *A coordenação motora*, São Paulo, Summus Editorial.

Os autores

Drauzio Varella é médico. É autor dos livros *Estação Carandiru* (Companhia das Letras, 1999), *Nas ruas do Brás* (Companhia das Letrinhas, 2000), *De braços para o alto* (Companhia das Letrinhas, 2002), e coordenador do livro *Florestas do Rio Negro* (Companhia das Letras, 2001).

Ivaldo Bertazzo é referência na dança contemporânea brasileira ao levar para o palco coreografias idealizadas para grandes grupos. É terapeuta corporal e diretor da Escola de Reeducação do Movimento. Depois de *Danças e roda* (1976), coreografou 27 espetáculos, tendo recebido seis prêmios da Associação Paulista de Críticos de Arte, e o Prêmio Mambembe de melhor espetáculo da dança com *Ciranda dos homens, carnaval dos animais*. É autor de *Cidadão Corpo, identidade e autonomia do movimento* (Summus, 1998).

Paola Berenstein Jacques é arquiteta-urbanista, professora da Faculdade de Arquitetura da Universidade Federal da Bahia. É autora de *Les favelas de Rio, un enjeu culturel* (L'Harmattan, 2001), *Estética da ginga, a arquitetura das favelas através da obra de Hélio Oiticica* (Casa da Palavra, RioArte, 2001),

L'esthétique des favelas (L'Harmattan, no prelo) e organizadora de *Apologia da deriva, escritos situacionistas sobre a cidade* (Casa da Palavra, no prelo).

Pedro Seiblitz é formado em arquitetura e urbanismo e dança contemporânea. Realizou trabalhos em fotografia – *Estética da ginga, a arquitetura das favelas através da obra de Hélio Oiticica* (Casa da Palavra, RioArte, 2001) e U*ma cidade no tempo* (Prefeitura do Rio de Janeiro, 1992) – e vídeo – câmera e montagem do documentário *E agora, José?* (apoiado pelo Itaú Cultural, 2002).

Esta obra foi produzida no Rio de Janeiro pela Casa da Palavra Produção Editorial no inverno de 2002 e impressa na RR Donnelley com papel offset 120 g/m² (miolo) e cartão supremo 250 g/m² (capa). A composição empregou as famílias tipográficas PH Comp e Rotis.